# Change beginnt im Kopf

von Moritz Grabosch

AF191749

## Buchbeschreibung:

Nach über 10 Jahren als Trainer und Berater für Kommunikation und Verhalten in der Business-welt kommt der Autor zum Schluss, dass alle Veränderungen im eigenen Kopf beginnen müssen. Wie er dazu kommt, was er genau damit meint und was das in der Umsetzung kon-kret bedeutet, erklärt er in diesem Buch. Der Ratgeber, der keiner werden sollte, ist eine amü-sante und inspirierende Reise durch die Welt der Veränderungsprozesse mit konkreten Ansätzen, wie man positive Impulse im eigenen Umfeld setzen kann.

## Über den Autor:

Moritz Grabosch wurde 1987 in Recklinghausen geboren. Im Alter von 15 Jahren entdeckt er durch den Kauf seiner ersten Gitarre seine Leidenschaft für die Musik. Mit einem Diplom zum 'Executive Music Producer' wird er ein paar Jahre später zum Musikunternehmer auf und hinter der Bühne. Im Nebenberuf arbeitet er bei BMW als Markbotschafter. Dort wird sein Kom-munikations- & Organisationstalent entdeckt. Es öffnen sich Türen - erst zum VIP Betreuer, dann zum Teamleiter bis hin zum Trainer & Coach. Hier findet er seine Bestimmung. Seit 2014 reist er um die halbe Welt, um Menschen unterschiedlicher Branchen, Kulturen und Aufgaben dabei zu inspirieren, die Welt proaktiv mitzugestalten. Sein übergeordnetes Ziel als Gründer der FLUXX LIVE GmbH: Veränderungsprozesse zu gestalten, anstatt über sich ergehen zu lassen. Moritz Grabosch lebt in München.

# Change beginnt im Kopf

Über die Kraft eines jeden die Zukunft positiv
zu gestalten

von Moritz Grabosch

## Impressum

Bibliografische Information der Deutschen Nationalbibliothek: Die Deutsche Nationalbibliothek verzeichnet diese Publikation in der Deutschen Nationalbibliografie; detaillierte bibliografische Daten sind im Internet über http://dnb.dnb.de abrufbar.

Herstellung und Verlag:
BoD – Books on Demand, Norderstedt

ISBN: 9783758326042

# Inhaltsverzeichnis

# Vorwort

Ich sitze auf meinem Bett in einem Hotel in Dubai. Mein Körper ist ausgetrocknet, wie immer nach langen Flügen. In der Limousine vom Flughafen zum Hotel hatte ich nur an die kalte Cola aus der Minibar gedacht. Ich bin aufgekratzt, denn auf Geschäftsreise zu sein und anderen Ländern und Kulturen zu begegnen, gibt mir immer einen kreativen Schub. Deshalb kann ich auch noch nicht schlafen, obwohl es bereits 23:00 Uhr Ortszeit ist. Mein Hotelzimmer liegt hinten links im vierten Stock. Ich verteile meine Reisekleidung wild im Raum, ziehe mir etwas Bequemes an und reiße alle Vorhänge auf, um den Blick auf Dubai zu genießen. Ich brauche mehr Licht und mache alle Leuchten des Zimmers an. Das ist inzwischen zu einem Ritual geworden, wenn ich in ein Hotelzimmer einziehe. Ich öffne die Coladose mit arabischen Schriftzeichen und das bekannte Zischgeräusch lässt mir das Wasser im Mund zusammenlaufen. In diesem Moment ist es wie eine Ayurveda-Kur und ein SPA-Treatment in einem, wenn die eiskalte Coke erfrischend und prickelnd meinen Hals hinunter läuft. Allerdings ist mir bewusst, dass es nicht besonders gesund ist, was dem Grad der Befriedigung aber gerade keinen Abbruch tut. Ich setze mich auf das für eine einzelne Person völlig überdimensionierte Bett, klappe meinen Laptop auf und fange an zu schreiben. Ich bin zwar müde von der Reise, aber es gibt eine Energie in mir, die kanalisiert werden will. Schon seit dem Überflug von Bagdad kreisen Ideen und Gedanken in meinem Kopf. Nun halte ich sie fest, bevor ich alles wieder vergesse.

So erging es mir in den letzten zwei Jahren viele Male. Ich war zwar müde und von zeitkritischen Aufgaben überflutet, aber dennoch drängte es mich, ein paar allgemeine Gedanken festzuhalten. Es gab mir einfach ein starkes Gefühl von Freiheit und entlastete meinen Geist. Auf diese Art und Weise wurde dieses Buch hauptsächlich in zwei Wintern geschrieben. Die Sommermonate waren einfach zu schön, um sie vor dem Laptop zu verbringen. Das Buch ist auf drei Kontinenten, und in 7 Ländern entstanden. An einige Schreibszenen kann ich mich gut erinnern. Dazu gehört eine Restauration der Kette »Panther Coffe« in Miami, Ortsteil Wynwood, in dem ich über zwei Wochen täglich mehrere Stunden gesessen und geschrieben habe. Weiter erinnere ich mich an ein Hotel in der Hamburger Hafen-City, wo mich der entfernte Blick auf die Elbphilharmonie inspiriert hat. Einige Kapitel entstanden auf einer Berghütte in Tirol, während mein Blick über die beschneiten Berggipfel auf der anderen Seite des Tals schweifte. Der Blick in die Weite hat meinen gedanklichen Horizont erweitert und mich davor bewahrt, in zu engen Rastern zu denken.

Nach Fertigstellung des ersten Entwurfs benötigte ich fast zwei Jahre Pause, um meine eigenen Worte mit dem nötigen Abstand begutachten zu können. Dabei galt es kritisch zu hinterfragen, ob meine damaligen Gedanken für mich selbst noch von Relevanz sind und ob es auch Freude bereitet, dieses Buch zu lesen. Ich bin zu dem Ergebnis gekommen, dass es durchaus Sinn macht, es einem Publikum vorzustellen. Darum bin ich froh, dich hier begrüßen zu dürfen. Ich wünsche dir viel Freude beim Lesen und hoffe, dich inspirieren zu können.

# Change, Zukunft, Kopf - eine Einordnung der Begriffe

Dieses Buch handelt von der Zukunft. Zukunft ist ein Punkt in der Zeit, der gestaltbar ist - in jeder Sekunde durch jeden von uns. Doch jede Aktion startet mit einem Gedanken, und der beginnt in unserem Kopf. Darum heißt dieses Buch auch "Change beginnt im Kopf".

Ich habe diesen Text nicht mit der Intention verfasst, den nächsten Glücks- oder Businessratgeber zu schreiben. Auch wollte ich kein wissenschaftliches Buch schreiben, dafür bin ich viel zu ungeduldig. Am Ende ist wahrscheinlich eine wilde Mischung aus vielen Kategorien und Genres entstanden. Und ich überlasse es dir und euch, meinem Publikum, meinen Lesern, meinen Fans und Kritikern, die passende Kategorie für diese Lektüre zu finden. Eines kann ich aber mit Sicherheit über die folgenden Seiten sagen: Das Buch richtet sich an jeden, der seinen Horizont erweitern möchte und bereit ist, seine Grundsätze zu hinterfragen. Es spiel keine Rolle, ob du in der Verwaltung arbeitest, eine Führungsposition bekleidest oder hauptberuflicher Familienvater oder Familienmutter bist.

Die ‚Zukunft' begegnete mir in den vergangenen Jahren immer wieder im Kontext meines Berufs als Trainer und Coach für Verhalten und Kommunikation. Meistens zeigte sie sich nicht sofort, war verkleidet in Chiffren, trug unterschiedliche Gewänder und versteckte sich hinter Ängsten, Kritiken & Einwänden. Aber ich erkannte Sie irgendwann ganz klar, auch wenn sie sich mir nicht sofort auf den ersten Blick sichtbar machte. Die Zukunft schien also eine signifikante Größe zu sein, die die Denkstrukturen und das Handeln von uns Menschen maßgeblich beeinflusst. Bei der Begegnung mit inzwischen über 10.000 Mitarbeitern internationaler Konzerne, wie BMW oder Harman Kardon habe ich ein immer wiederkehrendes Muster erkannt. Die Mitarbeiter aus unterschiedlichen Aufgabengebieten kommentierten meine Ausführungen wiederkehrend mit solchen Sätzen:

„Bis das so weit ist, bin ich hoffentlich in Rente."

„Das haben wir bisher nie gebraucht, das werden wir auch zukünftig nicht brauchen."

Diese Feedbacks habe ich nie verstanden und nicht nachvollziehen können. Ich fragte mich, warum ich als Trainer immer so kritisch beäugt und häufig als Störfaktor wahrgenommen werde, obwohl ich und meine Auftraggeber doch nur hilfreich sein wollen? Wir wollen beide die persönliche Entwicklung der Mitarbeiter unterstützen. Natürlich hat der Arbeitgeber auch das Wohl der Firma im Auge, aber er hat erkannt, dass die Entwicklung und das Wohlbefinden der Mitarbeiter ein wichtiger Faktor dafür ist. ‚Entwicklung' macht ohne ‚Zukunft' allerdings keinen Sinn. Ich erkannte, dass viele meiner Trainees regelrecht Angst vor Veränderung und damit vor der Zukunft haben. Diese Angst gilt es zu besiegen, indem man ihnen zunächst die Unvermeidbarkeit aufzeigt – Zukunft kommt, ob du willst oder nicht. Im nächsten Schritt gilt es die Herausforderungen zu erkennen und zu verstehen. Letztlich können wir mit diesem Rüstzeug daran gehen, die Zukunft zu gestalten.

Auf diese kleine Reise durch Wissenschaft, Philosophie, Wirtschaft und meinen eigenen Kopf möchte ich dich nun gerne mitnehmen.

# Die Zukunft kommt, ob du willst oder nicht

Hast du schon einmal über die Zukunft nachgedacht? Gute Frage, oder? Warst du dir dessen überhaupt jemals bewusst? Nicht so richtig, schätze ich. Eigentlich denken wir ständig an unsere Zukunft. Wofür sonst sind Rentenversicherungen, private Altersvorsorgen, Versicherungen für Unfälle oder Arbeitsunfähigkeit sowie Testamente da? Ein vager Blick in die Zukunft. Der Versuch, das Kommende vorhersehbar oder zumindest berechenbar zu machen. Doch was siehst du da?

Ich gehe davon aus, dass das ganz schön nebulös ist, was du siehst. Klar, wenn du die Grundfähigkeiten der Kreativität beherrschst, kannst du dir tolle Visionen ausdenken und auch visualisieren, aber es bleibt realistisch gesehen doch nur ein Bild in unserem Kopf, und vielleicht ein Fahrplan für ein Projekt. Doch wenn ich in den letzten zehn Jahren meines Lebens eines gelernt habe, dann ist es die Tatsache, dass alles anders kommt, als man meint.

Ich würde mich bei aller Bescheidenheit zu der Gruppe der Visionäre zählen. Ich kann mir alles vorstellen, kann vieles im Geiste entwickeln und einiges davon auch umsetzen. Doch wie es dann wirklich erscheint, sieht retrospektiv doch immer ganz schön anders aus, oder? Der deutsche Musiker Udo Lindenberg, den ich sehr schätze, hat einmal den prägenden Satz gesagt: „Das Leben wird vorwärts gelebt, und rückwärts verstanden." So in etwa sehe ich das auch mit Visionen. Sie geben eben nur eine Richtung vor und sagen nicht voraus, was einmal sein wird. Doch ändert das denn wirklich etwas an der Dringlichkeit, weiterhin Pläne zu schmieden und Gedankenmodelle zu entwickeln, egal wie komplex oder simpel sie sein mögen? Ist es ein K.O.-Kriterium für Denker und eine Bestätigung für Macher? Aus meiner Perspektive heraus gesehen nicht wirklich. Ich glaube an Yin & Yang, die Kraft der Balance. Ich denke, das eine geht nicht ohne das andere. Macher haben ohne gute Pläne nichts zu tun, und großartige Ideen existieren nicht, bis sie von jemandem umgesetzt werden. Wie dem auch sei, meinen Drang nach Veränderung, Planung und Entwicklung von Visionen hat diese Erkenntnis jedenfalls nicht beeinflusst. Ich halte es sogar für eine ganz erfrischende Sichtweise, sich mit dem Gedanken auf Projekte und Ideen einzulassen, dass diese vielleicht nie fertig werden oder zum Grand Finale nicht mehr gebraucht werden, weil Ihr Ergebnis obsolet geworden ist.

Ein kleines Beispiel aus meinem eigenen Leben ist meine Karriere als Berufsmusiker. Ich habe mit 15 meine erste Band gegründet, nach meinem Abitur Musikproduktion studiert, ein kleines Tonstudio eröffnet und am Ende dieser Karriere ein Leben als Berufsentertainer gefristet. Ich wollte immer Rockstar werden und war davon auch zu 100 Prozent überzeugt. Als ich in den letzten Jahren dieses Kapitels langsam einsehen musste, dass ich dieses Ziel höchstwahrscheinlich nicht erreichen werde, hat es nochmal etwa zwei Jahre gebraucht, bis ich den mutigen Schritt gehen konnte, meinen großen Traum zu Gunsten von etwas Neuem zu opfern, das ich bis dato noch nicht so richtig benennen konnte. Wo sollte ich meine kreative Kraft und den Druck unter meiner Schädeldecke nach neuen Ideen und Impulsen denn sonst ablassen? Die Transformationen vom Berufsmusiker zu etwas Neuem fiel mir sehr schwer und ging mit vielen schlaflosen Nächten einher, obwohl ich bereits ein etablierter Player in der Trainer-Welt geworden war. Trotzdem sah ich das immer noch als Nebenberuf an, obwohl ich nahezu mein gesamtes Leben damit finanziert habe und auch von außen als erfolgreich wahrgenommen wurde. Inzwischen bin ich begeistert zu sehen, wie viel ich aus 15 Jahren Musikunternehmer mitnehmen konnte, wie die Erfahrungen als Künstler und Entertainer mich zu einem sehr guten Trainer und Coach gemacht haben. Und wie mich mein bisher kurviger Lebensweg zu einem außergewöhnlichen und relativ begehrten Exoten in meiner Branche gemacht hat. Somit bin ich für mich persönlich zu dem Schluss gekommen, dass alles irgendwie seinen Sinn hat. Häufig später und anders, als man ursprünglich mal dachte, aber das Leben geht eben kurvig und nie geradeaus. Ich nehme es inzwischen einfach nicht mehr ganz so ernst, wenn sich ein Projekt im Laufe seiner Zeit verändert, anpasst, oder sogar seinen Sinn und seine Bedeutung verliert. Ich sage mir immer, das passt schon so und es wird sich etwas Neues daraus entwickeln.

Ich komme zu einer ersten Schlussfolgerung: Mach dein Ding, zieh Projekte durch und widersetzte dich äußeren Widerständen, aber handle dabei auch nicht gegen jegliche Rationalität. Manchmal musst du den Mut haben, aufzuhören. Wann dieser Punkt erreicht ist? Das hängt von so vielen Faktoren und am Ende von dir persönlich ab, sodass es meiner Meinung nach töricht wäre, dafür eine Regel aufzustellen. Trotzdem habe ich zusammen mit meinem geschätzten Geschäftspartner Felix Müller in den letzten Jahren ein Modell entwickelt, das einem einen Leitfaden zur Verfügung stellt, anhand dessen man die Zukunft gestalten kann und dabei sicherstellt, dass man mit größter Wahrscheinlichkeit das richtige tut, um das persönlich gesetzte Ziel zu erreichen. Wir nennen das Prinzip Delta $X^2$. Delta, weil es aus drei Teilen besteht, die ein Dreieck bilden. Delta auch, weil es den Unterschied, also die Differenz zwischen Erfolg und Misserfolg ausmacht. Und das $X^2$? Na ja, das ist eine Hommage an unsere Firma, die FLUXX LIVE GmbH, deren Erkennungsmerkmal das Doppel-X ist. Die drei Teile von Delta $X^2$, die chronologisch aufeinanderfolgen, sind:

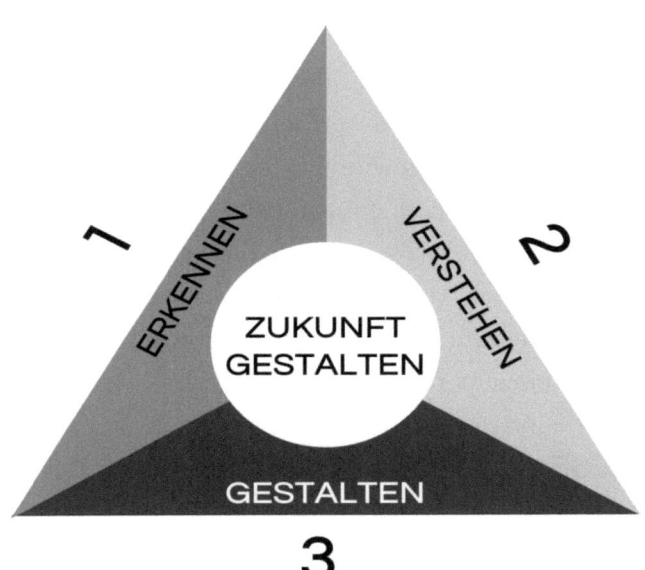

Wer nach diesem Prinzip handelt, wird die Gestaltung der Zukunft anführen und leiten, anstatt nach Gefühl und dem Prinzip der Hoffnung Zufallstreffer zu erzielen. Was das nun konkret heißt? Im ersten Schritt (Erkennen) sammelst du Informationen, also Datenpunkte, um damit erstmal das Spielfeld des ‚Spiel des Lebens‘ zu definieren. Dann gehst du in Schritt zwei (Verstehen) in eine abgewogene und reflektierte Interpretation und Bewertung dieser Informationen. Du versuchst also, das Prinzip des Spiels zu verstehen. Zuletzt kannst du dann im letzten Schritt (Gestalten) darauf adäquat reagieren und wirkungsvolle Aktivitäten umsetzen, also das Spiel beherrschen und gewinnen, indem du das Richtige tust, anstatt einfach nur viel zu tun.

Dieses Prinzip wird dir in diesem Buch noch öfter begegnen, denn der Hauptteil dieses Buches ist nach diesem Prinzip aufgebaut und beleuchtet die drei einzelnen Schritte nochmal im Detail.

## THESE 1: Zieh es durch, aber überziehe nicht.

Bei Projekten und Ideen, die man kreativ gestaltet, geht es ja im Kern immer darum, die Zukunft zu verändern und etwas Neues zu erschaffen. Irgendwann kam diesbezüglich bei mir die Frage auf, was Zukunft denn eigentlich genau ist. Ist sie reine Fiktion? Kann ich überhaupt in die Zukunft sehen? Ist Zeit real existierend, oder entsteht Zeit nur durch die Wahrnehmung meiner selbst? Ich merkte, wie wenig ich darüber weiß und vor allem wie wenig ich davon verstehe. Dann ging ich in Gedanken einen Schritt weiter und fragte mich ernsthaft, ob jemals etwas genau so eingetroffen ist, wie ich es im Vorfeld vor Augen hatte? Ich konnte mir die Frage nicht beantworten, weil alles was in meinem Kopf war, in dem Augenblick mit der Wirklichkeit verschmolz, in der es Realität wurde. Es fiel mir sehr schwer, meine ursprüngliche Vision von etwas (eine Beziehung, ein Umfeld, ein Berufswunsch) mit dem realen Verlauf retrospektiv abzugleichen.

Mein erster Impuls als Antwort auf die Frage nach Zukunft war, mir selbst zu sagen, dass Zukunft ein Punkt in der Zeit ist, der nach der Gegenwart kommt. Ich dachte, das ist die Erklärung, eine simple Antwort auf eine simple Frage. Nichts Neues, sagst du? Stimmt - doch bist du dir dessen wirklich bewusst, dass die kommende Sekunde, die grade noch deine Zukunft war, jetzt schon wieder Vergangenheit ist? Wie hast du diese Sekunde geplant, und wie ist sie endgültig verlaufen? Du weißt es nicht. Denn du hast in diesem Augenblick gar kein Bewusstsein über diesen Zeitpunkt gehabt, wie so häufig. In der Regel haben wir nämlich kein Erleben von Zeit. Sie ist da - unauffällig, meistens zu wenig und viel zu schnell vorbei. Wir sind uns der Tatsache, dass Zeit unentwegt vergeht, nicht bewusst. Wie häufig hören, oder sagen wir sogar Sätze wie „ Es ist schon wieder Weihnachten?", oder „Das Jahr ging wahnsinnig schnell vorbei!". Ich stellte mir in diesem Zusammenhang die Frage, warum wir so große Probleme mit der Zeit haben. Die Dimension Zeit ist für uns nur sehr schwer zu verstehen. Manchmal beschleicht mich das Gefühl, dass Zeit gar nicht ‚so richtig' existiert, dass unsere Zukunft vielleicht gar nicht existiert. Ist Zeit im Endeffekt nicht nur die unendliche Abfolge von sich stetig verändernden Versionen des dreidimensionalen Raumes? Dann wäre Zeit unterm Strich nichts anderes als Veränderung. Die stetige Veränderung des Raumes, der Materie. Du kannst diese Veränderung nicht aufhalten. Selbst wenn du glaubst, gerade zur Ruhe gekommen zu sein, arbeitet dein Körper unentwegt auf Hochtouren weiter. Die Natur bewegt sich ohne Pause, sogar die vielen winzigen Bewohner deines Couchbezugs machen keine Pause. Es besteht eine kontinuierliche Bewegung und damit Veränderung des Raumes. Und dabei entsteht der kontinuierliche Übergang von Gegenwart in Zukunft oder Vergangenheit, also Zeit. Wenn wir diesem Bild folgen, dann müssen wir einsehen, dass Zukunft sich nicht aufhalten lässt und damit auch nicht die Bedingung, dass sich alles und jeder unaufhaltsam verändert und alles in Bewegung ist – in jeder Sekunde unseres Lebens und darüber hinaus.

## THESE 2: Wehr dich nicht, es kommt sowieso anders.

Stelle dir vor, du befändest dich in einem angestrebten Idealzustand, quasi in einem gelebten Wunschtraum. Dein Umfeld, deine Freunde, dein Wohnort, dein Job & deine Wohnung - alles befindet sich in dem Zustand, wie du es dir nach dem Schulabschluss einmal vorgestellt hast. Die Kinder sind glücklich und gesund und entwickeln sich prächtig. Das ist wahres Glück für dich. Du kannst ruhig durchatmen und dich rundum sicher und gelassen fühlen. Das ist ein wundervoller Zustand, wie ich finde, und in jedem Fall erstrebenswert. Ich wünsche jedem, dass er sich in seinem Umfeld rundum glücklich fühlt. Denn es liegt ja wohl in der Natur des Menschen, nach Vollkommenheit und Glück zu streben. Und es ist auch schön, wenn jemand diesen Zustand erreicht hat. Dafür hat man dann ja auch meistens lange und hart gearbeitet. Doch birgt dieser Zustand auch eine große Gefahr. Du musst nun nämlich alles vermeiden, was das Idealbild deines Lebens jetzt zerstören könnte. Denn alles soll ja genau so bleiben, wie es ist. Friere die Situation ein, male dir ein Bild und konserviere es mit Klarlack. Umarme dein Leben, ganz, ganz fest. Halte es noch fester, denn sonst könnte es dir noch wegrennen, indem es sich zum Negativen verändert. Denn nachdem du den Idealzustand erreicht hast, soll sich ja nichts mehr verändern. Doch damit sich nichts verändert, musst du ja im übertragenen Sinne stehen bleiben. Damit stoppst du aber deine Bewegung und verlierst deine Beweglichkeit. Und nach alledem, was wir uns bisher gemeinsam erarbeitet haben, ginge das entgegen unserer These, dass sich in unserem Universum alles ständig verändert. Entweder entsteht ein Paradoxon, oder wir werden bewegt und genau so ist es dann auch. Auch wir bewegen und verändern uns unentwegt, ob wir wollen oder nicht. Die Zukunft kommt, ob wir wollen oder nicht. Und ist es nicht auch ein Wunder des Lebens, dass wir uns kontinuierlich entwickeln? Bei deiner Geburt warst du kaum überlebensfähig und es ist erstaunlich, dass wir so lernfähig sind und so schnell lernen und wachsen können. Im ersten Jahr hast du in die Windeln gemacht und aus Leibeskräften geschrien, wenn dir etwas nicht passte. Heute entwickelst du Produkte, bedienst Bedürfnisse, erkennst Probleme und entwickelst Lösungen für komplexe Aufgaben. Weil du dich kontinuierlich verändert hast. Das ist doch großartig, oder nicht? Ich beobachte die Geschwindigkeit der Entwicklung aktuell bei dem neugeborenen Sohn einer guten Freundin von mir. Er ist grade 8 Monate alt und es ist für mich ein fast unglaubliches Wunder, was dieses Kind in so kurzer Zeit für Fähigkeiten erlernt hat und wie rasant es sich entwickelt. Wir sehen uns etwa alle zwei Monate und ich bin jedes Mal begeistert, wie schnell sich der Kleine verändert. Du kennst dieses Gefühl vielleicht im Zusammenhang mit deinen eigenen Kindern, Enkeln oder Neugeborenen von Freunden. Kinder (und übrigens auch Haustiere) können uns immer wieder daran erinnern, was das Wunder des Lebens eigentlich ausmacht und wie toll es ist, dass wir uns stetig an unser Umfeld anpassen und lernen.

Dabei lernen wir nicht nur in der Schule, sondern noch intensiver in der Schule des Lebens.

Ich persönlich habe die Schule gehasst. Ich fühlte mich gegängelt und davon abgehalten zu leben und zu handeln. Ich wollte eigene Projekte realisieren und das Gefühl haben, voranzukommen. Das gab mir die Schule nicht. Zum Glück hatte ich die Musik. Ich schrieb Songs, produzierte sie tagelang in meinem Homestudio, feilte nächtelang an den Mixes auf meinem Mac bis ich im Alter von 16 Jahren das erste Album meiner damaligen Metalband »Infernation« veröffentlichen konnte: »X-Plosive«. Zusammen mit den unzähligen nächtelangen Bandproben im Keller einer alten Kaserne, den wir uns für die damaligen Verhältnisse recht wohnlich eingerichtet hatten, war das meine Motivation.

Trotz gegenseitiger Abneigung habe ich meine Schullaufbahn ohne Ehrenrunde bis zum Abitur durchgezogen und mit Abstand betrachtet auch viel dabei gelernt. Wenn ich aber ein Fazit meines bisherigen Lebens ziehen müsste, dann komme ich zu dem Schluss, dass ich außerhalb der Schule viel mehr von dem gelernt habe, was ich heute im Beruf und in meinem Privatleben sinnvoll anwenden kann. Ich bin sehr froh, dass mich meine Eltern stets dazu erzogen haben, aufmerksam und kritisch durch die Welt zu gehen und meine eigenen Werte und Grundsätze kontinuierlich zu hinterfragen, denn nur so bleibt man relevant. Das Leben beschenkt uns mit unendlich vielen Gelegenheiten zu lernen, uns zu entwickeln und positiv zu verändern. Wir werden ständig mit Situationen konfrontiert, die neue Zusammenhänge offenbaren und uns Handlungsimpulse hinterfragen lassen - vorausgesetzt wir richten uns nicht so komfortabel in einer Komfortzone ein, dass wir unser Leben nur noch abarbeiten. Ich wünsche dir, dass das bei dir nicht so ist.

# Die Komfortzone

Kommen wir zurück zum Idealzustand deines Lebens, über den wir uns gerade Gedanken gemacht haben. Du würdest nun also zurecht gerne den Stand deines Lebens einfrieren, denn du bist ja mit dem ‚status quo' rundum zufrieden und fühlst dich wohl - du bist glücklich. Wenn sich nun etwas ändert, dann kann es sich ja eigentlich nur zum Schlechteren ändern, zumindest ist das Risiko enorm hoch. In einer Gesellschaft, die nach ewigem Wachstum und stetig nach Höherem strebt, ist das verständlich und in seinen Grundzügen auch gut so. Wir haben die Tendenz, dass wir unser ganzes Leben stetig optimieren wollen, was ja wiederum auch ein wichtiger Antrieb für unser Fortleben und die Entwicklung der gesamten Spezies Mensch ist. Bei der ganzen Optimierung erreichen wir aber in der Regel, zumindest ist das bei den meisten Menschen so, irgendwann einen Punkt der Sättigung, wo wir unserem Idealzustand sehr nahekommen. In diesem Augenblick verlangsamt sich unsere Bereitschaft der Weiterentwicklung und unser Tempo verringert sich. Das liegt sicherlich auch in der Natur an sich, weil wir mit dem Alter auch einfach langsamer werden, besonders wenn wir uns in der zweiten Hälfte unseres Lebens befinden. Allerdings habe ich in der Vergangenheit auch viele junge Menschen kennengelernt, die sich bereits in ihrer Komfortzone wohnlich eingerichtet haben und gar nichts mehr verändern wollen. Ein weiteres Problem, das mit dieser natürlichen Verlangsamung unseres Lerntempos und unserer Lernbereitschaft einhergeht, steht dem quasi diametral entgegengesetzt. Es ist die Tatsache, dass wir notgedrungen mit dem Entwicklungstempo mithalten müssen, solange wir uns im Arbeitsmarkt bewegen. Und da es dem Trend entspricht, inzwischen fast bis zum 70. Lebensjahr arbeiten zu müssen, kollidieren hier zwei Anforderungen. Zum einen die natürliche Anforderung der Natur, langsamer zu machen, zum anderen die von Menschenhand erschaffene Anforderung, bis Mitte 60 auf der Höhe des Geschehens zu sein. Man soll die Geschwindigkeit des eigenen Unternehmens voll mitgehen, ob man das nun kann, oder nicht. Ich möchte es an der Stelle nicht wagen, unser gesamtes Gesellschafts- & Wirtschaftssystem in Frage zu stellen, aber das ist definitiv ein Problem.

Wir haben nun also unseren Idealzustand erreicht und entwickeln die Tendenz, nichts mehr ändern zu wollen. Doch damit werden wir bewegungsunfähig, zäh und träge. Wir verlieren die Fähigkeit, uns zu entwickeln und zu bewegen. Es wäre doch schade, wenn wir diese Gabe der Entwicklung hinfällig werden lassen, oder? Stellen wir uns nun einmal die Frage, was passieren würde, wenn wir aufhörten, uns zu bewegen und unseren Status quasi einfrieren würden? Wenn wir alle Veränderungen abwehren, und sogar noch Entwicklungen unterbewusst sabotieren würden.

Ich sag es dir: Du wirst das Gefühl haben, dass sich nichts bewegt, aber es bewegt sich alles um dich herum, aber du hast es aus deinem Bewusstsein ausgeschlossen. Die Welt dreht sich weiter. Die Sonne geht auf, die Sonne geht unter. Dem Winter folgt der Frühling, dem Sommer der Herbst. Bäume blühen, verlieren Ihre Blätter. Es schneit, die Sonne scheint. Städte werden gebaut, Städte werden in Kriegen und durch Naturkatastrophen zerstört. Menschen verlieben sich, heiraten, lassen sich scheiden, lernen zu hassen. Wälder werden gerodet, neue Pflanzen wachsen. Sterne verglühen, neue Sterne entstehen. Freunde kommen, Freunde gehen. Das ganze Universum dehnt sich seit Milliarden von Jahren aus, es verändert sich in jeder Millisekunde. Und so verhält es sich im Mikrokosmos wie im Makrokosmos. Menschen sterben, Kinder werden geboren. Die stetige Entwicklung ist unaufhaltsam und hat unsere Umgebung und unsere Gesellschaft zu dem gemacht, was Sie heute ist. Wir können den Lauf der Dinge nicht aufhalten. Und wenn wir stehenbleiben, dann halten wir nur uns selber auf, nicht unser Umfeld und die Welt.

Da Unternehmen gezwungen sind, der Entwicklung zu folgen, klafft irgendwann eine große Lücke zwischen der Weltsicht deiner beruflichen Bezugspersonen und deiner Weltsicht - du wirst zum Außenseiter. Im schlimmsten Fall für das Unternehmen hat sich eine ganze Gruppe Gleichgesinnter um dich geschart, die das ganze Unternehmen in den Abgrund reißt.

Das klingt dramatisch und soll an dieser Stelle veranschaulichen, was der generelle Effekt ist, wenn man Veränderungen kategorisch abwehrt.

Natürlich werden wir in der Praxis niemals alles Neue ablehnen und verweigern. Das Aufzeigen des Extrems hilft uns allerdings sehr gut dabei, den Effekt der Verleugnung von Veränderungsprozessen zu verstehen. Wenn du dein privates Umfeld in diesen Extremfall integrierst und dir vorstellst, was passiert, wenn du jegliche Innovation in deinem Umfeld ablehnst, wirst du feststellen, dass du dir am Ende nur selber Schaden zufügst. Das Leben wird dich irgendwann zwingen, das Neue zu akzeptieren, wenn du nicht ganz untergehen willst. In der Zwischenzeit hast du aber so viele Möglichkeiten der Anpassung verspielt, dass du vollkommen überfordert bist.

Wenn der Moment der Einsicht kommt, ist es für viele Menschen eine schockierende Erkenntnis. In meinen Trainings habe ich diesen Moment oft erleben können. Viele meiner Trainees kamen im ersten Abwehrimpuls zu dem Schluss, dass sie nun nie mehr zur Ruhe kommen werden und sich ab sofort keine Auszeit mehr gönnen dürfen. Ich spürte Gedanken wie: „Die Welt rennt an mir vorbei, die digitale Entwicklung peitscht mich ununterbrochen an. Ich muss immer erreichbar sein. Ständig was Neues, jeden Tag mehr, immer wieder alles neu. Innovationsprojekte, Changemanagement. Das kann doch ein Mensch alleine gar nicht verarbeiten. Wie soll das einer schaffen? Ich kann doch meine Batterien nicht unendlich lange und oft aufladen. Ich brauche doch auch einmal Zeit für mich."

Wenn du gerade empathisch die Gefühle deiner Leidensgenossen geteilt hast und sich dein Puls erhöht hat, rufe ich dir ein energisches: „Stopp!" Zu. Atme erst einmal tief ein. Dies ist eine typische Abwehrreaktion aus unserem Katalog der Gedankenmuster, die ich selber schon häufig hatte, wenn viele Dinge gleichzeitig auf mich einprasselten. Das ist weitgehend normal. Die Frage ist nur, wie wir damit umgehen und wie wir die Einflüsse der darauf folgenden Gedanken verarbeiten. Lass doch gemeinsam ein Gedankenexperiment machen.

Versetze dich in die Lage einer Katze. Ja, das entspannt doch schon einmal ungemein. Glaubst du, dass eine Katze an Ihre Zukunft denkt? Plant sie Ihren nächsten Geburtstag? Geht sie am Freitagabend durch den vollen Supermarkt, weil das Wochenende naht und man am Sonntag doch etwas zum Mittagessen haben muss? Forscher diskutieren darüber, ob Tiere ein Bewusstsein von erlebter Zeit haben, oder nicht. Wir können in unserem Gedankenexperiment beide Varianten einmal durchspielen.

## Variante A - die Katze hat kein Bewusstsein von Zeit.

Die Katze weiß nicht, dass es Zeit überhaupt gibt. Sie nimmt nur die stetige Veränderung Ihrer Umgebung mit Ihren Sinnen wahr. Sie weiß nicht, dass Sie eine Vergangenheit hatte, Sie weiß nicht, dass Sie eine Zukunft haben wird. Sie handelt impulsiv und aus der Situation heraus. Es gibt keinen Plan, keine Strategie. Wenn sie Hunger hat, isst sie. Wenn sie keinen Hunger hat, isst sie eben nicht. Das klingt sehr einleuchtend, oder? Wie oft hast du in der vergangenen Woche gegessen, weil dir das dein Zeitplan vorgegeben hat? Siehst du − ertappt. Es gibt offensichtlich einen entscheidenden Unterschied zwischen uns und dieser Katze ohne Bewusstsein von Zeit. Unser vermeintliches Bewusstsein über den Verlauf der Zeit und die Existenz einer Zukunft beeinflusst in großem Maße unsere Handlungs-entscheidungen.

## Variante B – die Katze hat ein Bewusst-sein von Zeit.

Die Katze weiß, dass Sie inmitten Ihres Lebens steht und dass Ihr Leben weiter verlaufen wird - sie sieht Dinge im Vorfeld auf sich zukommen. Die Katze weiß, dass die Zukunft kommt. Hat sie vielleicht deswegen so gute Reflexe? Wenn die Katze eine Vorstellung von Zukunft hat, warum rationiert sie kein Futter, um für die Zukunft vor-zusorgen? Hat Sie etwa ein Bewusstsein über das Kommende und agiert trotzdem nicht proaktiv? Hat die Katze trotz ihres Wissens das rationale Denken übersprungen, oder reicht ihr Denkver-mögen nicht aus? Oder ist unsere Definition von Rationalität eine ganz andere als die der besagten Katze? Kommt die Katze einfach zu einem ande-ren Schluss und ist fatalistisch? Wie man es dreht und wendet, das Thema Zukunft ist offensichtlich komplex.

Damit kommen wir zum neuralgischen Knotenpunkt unserer gemeinsamen Reise: der

Zukunft. Wir sind uns also unserer Zukunft bewusst und versuchen, diese zu gestalten. Tun wir das wirklich? Horche in dich hinein - und sei bitte ehrlich – es schaut gerade niemand in deinen Kopf. Akzeptierst du die Zukunft als Konstante des Universums und hast du den inneren Drang und die Begeisterung dafür, diese aktiv zu gestalten? Oder hoffst du einfach nur, dass alles so bleibt, wie es ist? Es gibt die gesellschaftliche Tendenz, dass Menschen in unserer Gesellschaft immer unruhiger werden, da die Informationen zum gesamten Weltgeschehen in einer wahnsinnigen Geschwindigkeit auf sie einprasseln. Unsere Aufnahmefähigkeit bleibt jedoch beschränkt und wir brauchen Zeit zum Durchatmen. Viele Menschen sehnen sich nach Konstanten, einer Kontinuität, auf die sie sich verlassen können. Der Mensch strebt einfach nach Sicherheit & Geborgenheit. Man spricht landläufig von der ‚heilen Welt'. Gefällt dir das Bild von der ‚heilen Welt? Wenn ja, dann frage dich doch einmal, wie deine Einstellung gegenüber der Zukunft ist. Du weißt, dass sich alles stetig verändert. Wie reagierst du darauf? Hältst du an erlernten Abläufen, an Strukturen fest? Wehrst du dich gegen Neuheiten? Wir brauchen die Ruhe, die Beständigkeit und gleichzeitig müssen wir uns dem stetigen Wandel der Welt stellen. Klingt nach einer fast unlösbaren Aufgabe. Die Zukunft kommt, ob du willst oder nicht und wir müssen unseren individuellen Platz darin finden. Dabei sollten wir dynamisch bleiben und stets auf Entwicklungen in unserem Umfeld reagieren. Wir sollten unsere Denkmuster immer wieder hinterfragen, um nicht unzufrieden zu werden. Du musst nicht politische oder gesellschaftliche Haltungen über Bord werfen, aber bleibe dabei kritisch und verenge deine Weltsicht nicht ohne Not. Lasse Veränderungen auf dich zukommen und sehe das Positive, die Chancen und Möglichkeiten. Damit wird sich dein Lebensmodell verändern, vielleicht wirst du dich mit der Zeit auch von geliebten Mustern, Abläufen & Gewohnheiten verabschieden. Aber das wird dich nicht unglücklich machen, sondern du wirst darin wachsen, ein weltoffener und toleranter Mensch zu sein. Du wirst Glück durch aktiv gestaltete Veränderung erfahren. Ich kann aus meiner eigenen Erfahrung sagen, dass dieses Mindset mein Leben sehr bereichert hat. Entgegen der Vorstellung, aktive Gestaltung von Zukunft würde eine weitere Last auf meine Schultern legen und mir weitere Aufgaben ans Bein nageln, die ich gar nicht mehr bewältigen kann, ist durch die kontinuierliche Gestaltung meiner Zukunft und meines Schicksals viel mehr Ruhe und Gelassenheit in mein Leben eingekehrt. Es steigerte meine Lebensqualität und führte auch zu Erfolgen. Ein Modebegriff in der Verhaltenspsychologie ist der ‚Flow‘. Der Flow ist ein mentaler Zustand völliger Vertiefung und restlosen Aufgehens in einer Tätigkeit, der als hoch beglückend wahrgenommen wird. Mein Vater spricht da immer vom Tunnel, in dem er gerade ist. Ein schönes Bild, das ich mir immer gerne vor meinem inneren Auge vorstelle.

Und ich denke, dass man diesen Glückszustand durch Gestaltung erreicht, indem man etwas tut, was eine Wirkung hinterlässt. Für mich ein tolles Ziel, das ich nicht immer, aber immer häufiger erreiche. Um diesen Zustand langfristig zu erhalten, brauchen wir hauptsächlich drei Fähigkeiten, die uns helfen ein dynamischer Teil dieser Welt zu sein und ein synergetisches Miteinander aus Geben und Nehmen zu erzeugen.

Am Anfang steht die Fähigkeit, uns der Zukunft umfänglich bewusst zu werden. Was kommt auf uns zu, welche Trends entwickeln sich und wie kann ich diese sehen & erkennen. Wir müssen lernen, welche unterschiedlichen Definitionen und Erklärungen es für die Zeit gibt, und wie man damit die Zukunft aus verschiedenen Blickwinkeln anschauen und bewerten kann. Die verschiedenen Wissenschaften erzählen viele Geschichten, und wir müssen uns unsere eigene Story daraus bilden, damit die Perspektive für uns persönlich passt.

## Delta X$^2$ im Detail

Eine weitere Fähigkeit ist es, die Zukunft zu verstehen. Wie entstehen Trends, warum entwickeln sich Gesellschaft, Industrie und Kultur in bestimmte Richtungen. Welche Impulse entstehen durch welche Innovationen und was für eine Auswirkung haben diese auf unser Leben. Warum setzt sich etwas durch und warum scheitert anderes. Wir sollten antizipieren können, um uns eine Meinung zu bilden, die Konsequenzen abschätzen und am Ende richtig reagieren zu können. Im besten Fall agierst du dabei synchron zum Geschehen.

Im dritten Schritt gestaltest du deine Zukunft selbst, und zwar nachhaltig. Entwickle Trends und werde zum Taktgeber der Veränderung. Du musst nicht der neue Steve Jobs oder Elon Musk werde. Verstehe diese Aufforderung nicht als Druckmittel. Es geht mir darum, dass du im Rahmen deines Umfeldes und Wirkungskreises Veränderungen zulässt und gestaltest. Das kann ein sozialer Einfluss in der Schule deiner Kinder sein, ein politischer Einfluss im städtischen Geschehen, ein Impuls im Familienleben oder eine kleine Veränderung in deinem beruflichen Umfeld. Somit verankerst du schrittweise deine persönliche DNA in Abläufen und Prozessen und wirst so vom passiven Passagier zum Steuermann deines Schicksals. Und genau darum ist es so wichtig, Zukunft nicht nur zu erkennen und zu verstehen, sondern auch zu gestalten.

Aber lass uns schrittweise vorgehen, ein Schritt nach dem anderen. Wir werden die Details dieses Weges in den kommenden Kapiteln in Ruhe und mit Sorgfalt bearbeiten. Im ersten Schritt wollen wir Zukunft erkennen und uns verschiedene

Definitionen ansehen, aus denen wir uns unser eigenes Bild kreieren. Dann wollen wir verstehen lernen, was zu welchem Zeitpunkt auf uns zukommt, wie wir das lesen und was wir daraus schließen können. Und zuletzt entwickeln wir ein Gedankenmodell, mit dessen Hilfe wir im Rahmen unserer Fähigkeiten und Möglichkeiten tätig werden können, um die Zukunft für uns und unser Umfeld zu gestalten. Starten wir an dieser Stelle unsere Reise als Gestalter unserer eigenen Zukunft, indem wir unser Schicksal in die Hand nehmen.

# Erkenne

Um uns nun schrittweise an die Zukunft heranzutasten, ein Gespür für Sie zu bekommen und damit unseren Platz in Ihr zu sichern, der unseren Vorstellungen angemessen ist und später auch gestalten zu können, müssen wir erst einmal erkennen, was Zukunft ist und wie wir frühzeitig erkennen können, wie sie gestaltet sein wird. Das ist keine ganz so triviale Aufgabe, gibt es doch hunderte von Lehren, die versuchen, das Mysterium der Zeit zu erklären. Die Lehren von der Zeit sind die Grundlage, um Zukunft und damit Veränderung zu verstehen. Ohne Zeit gäbe es keine Veränderung, sondern Stillstand, aber so ist es nun einmal nicht. Versuchen wir uns, mit der Erkenntnis über die Entwicklung der Zeit langsam an das Kommende heranzutasten, und besprechen wir einige Erklärungsansätze aus unterschiedlichen Lehren der Wissenschaft. Wir schauen gemeinsam, was wir daraus ziehen können und wie wir daraus lernen können, um Zukunft und Veränderung zu verstehen und zu akzeptieren. Unser gemeinsames Ziel ist es, uns aus den interdisziplinären Lehren das für uns passendes herauszusuchen, unser eigenes Ökosystem aus Wissensblöcken und Sichtweisen zu entwickeln. Dabei möchte ich betonen, dass es hier kein richtig und kein falsch gibt, denn du musst damit leben können. Mache dir dein eigenes Bild und treffe die Entscheidung, was für dich Sinn macht.

## I. Eine wissenschaftliche Definition von Zeit

Wir fangen leicht an und starten mit einer wissenschaftlichen Definition von Zeit, die für mich die verständlichste ist und mir keine Denkakrobatik abverlangt hat. Die Definition lautet wie folgt:

*Zukunft ist die Zeit, die nach einem gegebenen Zeitpunkt liegt / der Gegenwart nachfolgt.*

Diese zugegebenermaßen sehr nüchterne Definition sagt uns erst einmal nur, dass der Begriff Zukunft für eine Zeit steht, die nach dem jetzt kommt, also weder Teil der Gegenwart noch der Vergangenheit ist. Das Lesen dieses Satzes liegt also ausgehend vom vorhergehenden Satz in der

Zukunft, ist jedoch jetzt schon wieder Vergangenheit. Wenn die Wissenschaft Zeit also als eine Abfolge von Zeitpunkten sieht, dann geht es ja im Kern um den Moment. Und wenn die Zeit nur eine Abfolge von Momenten ist, handelt es sich also lediglich um eine Art Ordnungssystem, dann verändert sie erstmal nichts. Das bedeutet, die Zukunft wäre identisch mit der Gegenwart und der Vergangenheit, aber das können wir ja ganz eindeutig ausschließen, denn wir wissen ja, dass früher alles besser war. Verzeih mir diesen sarkastischen Einschub.

Natürlich ändert sich etwas, und zwar wie wir zu Anfang dieses Buches gemeinsam erkannt haben, kontinuierlich und unentwegt. Du wirst ahnen, auf welche Fährte ich dich locken möchte - wir werfen also bereits einen kurzen Blick in die Zukunft und du tust das vielleicht zum ersten Mal in deinem Leben bewusst? Wenn die Zeit nur eine Abfolge von Momenten sein soll, dann müssen diese Momente ja in irgendeiner Form voneinander abgegrenzt werden können. Wie ist das möglich? Nur durch die Differenzierung der Zustände. Das heißt, nur wenn sich irgendetwas ändert, ist Zeit überhaupt existent, so sagt es zumindest die Wissenschaft. Und nun überlege einmal, wann du zum letzten Mal erlebt hast, dass die Zeit wirklich still steht, und ich meine dabei nicht gefühlt, sondern tatsächlich? Richtig, diesen Zustand können wir nicht erleben, denn allein in unserem Blickfeld bewegt sich irgendetwas und wenn es nur ein Blatt am Baum ist. Wenn also Zeit nur durch Veränderung überhaupt existiert (alle Wissenschaftler mögen mir diese einfache und vielleicht nicht ganz korrekte Ausführung entschuldigen), dann kann es keinen Moment ohne Veränderung geben. Wir sehen also, dass die Zukunft kommt, ob wir wollen oder nicht. Wir sollten uns damit abfinden, dass sich alles in einem dauerhaften und kontinuierlichen Wandel befindet.

## II. Seneca´s Deutung der Zukunft

Betrachten wir das Phänomen Zeit mal von einer ganz anderen Perspektive. Der berühmte Philosoph Seneca, der im Jahre 4 vor Christus in Córdoba, Spanien geboren ist, hat den Begriff Zeit, und deren Zustände Vergangenheit, Gegenwart & Zukunft in zwei Sichtweisen unterteilt, seine

Definition also von der Gedankenwelt einer denkenden Person abhängig gemacht. Er hat die Menschen in zwei Kategorien eingeteilt: 1. den homo occupatus (der, der keine Zeit hat) und 2. den Weisen (der, der sich Zeit nimmt).

Er hat den beiden Personenkreisen unterschiedliche Standpunkte zugeordnet, die diese im Bezug auf zeitliche Begriffe einnehmen können. Ich habe Seneca's Definition der Zeit einmal für dich in folgender Tabelle aufgeführt, damit es etwas leichter zu verstehen und zu analysieren ist.

| TYP | Vergangenheit (gewiss) | Gegenwart (kurz) | Zukunft (ungewiss) |
|---|---|---|---|
| homo occupatus Der, der keine Zeit hat | vergessen | vernachlässigen | fürchten |
| Der Weise Der, der sich Zeit nimmt | verstehen | nutzen | vorwegnehmen |

Schauen wir uns die zwei Stereotypen, den homo occupatus und den Weisen mal etwas genauer an. Der homo occupatus (der besetzte Mensch) scheint ein eher ängstlicher Typ zu sein. Er versucht, die Vergangenheit zu vergessen. Damit nimmt er sich jedoch auch jegliche Chance, aus dem in der Vergangenheit erlebten zu lernen. Und dass Lernen ein wichtiger Teil unserer Entwicklung als homo sapiens ist, dürfte allgemeine Zustimmung finden. Trichtern wir das nicht auch unseren Kindern kontinuierlich ein? Die Gegenwart vernachlässigt der homo occupatus. Das bedeutet, dass er gedanklich immer einen Schritt vor oder nach dem Jetzt zu sein scheint, also den Moment weder nutzt noch genießt oder wirklich intensiv wahrnimmt. Wenn er die Vergangenheit vergisst und die Gegenwart vernachlässigt, dann kann es ja nur einen Zustand geben, in dem er sich gedanklich befindet, und das ist die Zukunft. Das wäre doch genau unser gesuchter Typ, oder? Nein, denn der Homo occupatus ist ein ängstliches Wesen. Er fürchtet die Zukunft und damit die Veränderung des jetzigen Zustandes. Logisch, wenn er die Gegenwart vernachlässigt und damit gar nicht richtig wahrnimmt. Doch das ist ein bedenklicher Geisteszustand. Wer nicht aus der Vergangenheit lernt, die Gegenwart nicht richtig aufnimmt und die Zukunft fürchtet, hat keinen Standpunkt mehr. Damit ist er nebenbei bemerkt ein gefundenes Opfer für Manipulatoren, die sich die Unsicherheit des homo occupatus zu Nutze machen, um ihre eigenen Interessen durchzusetzen. Ich gehe davon aus, dass du diese Person nicht sein wollen und auch noch nie sein wollten.

Der Weise hingegen hat ein viel transparenteres und reflektiertes Bild von Zeit. Er versucht, die Vergangenheit zu verstehen, also aus ihr zu lernen. Von vielen erfolgreichen und zufriedenen Menschen hört man immer wieder, dass Sie keine Fehler bereuen, weil jede Entscheidung in Ihrer Vergangenheit ein prägendes Element in Ihrer Entwicklung war und einen Beitrag dazu geleistet hat, dass sie die Person geworden sind, die sie zu gegebenem Zeitpunkt waren. Sie haben sich also den Lauf der Zeit zu Nutze gemacht, um Ihre Zukunft zu gestalten. Die Gegenwart macht sich der Weise zu Nutze. Klingt logisch, nicht wahr? Jedoch ist das leichter gesagt als getan. Wie oft werden wir von unserem Smartphone, dem ständigen Eingang von Push E-Mails, Anrufen und Nachrichten unseres Kalenders mit bevorstehenden Terminen von der Gegenwart, dem hier und jetzt abgelenkt. Klar, ganz können wir im heutigen Berufsleben diesen Störungen wahrscheinlich nicht entkommen, aber trotzdem können wir uns darauf besinnen, die Gegenwart aktiv zu erleben und dabei in vollen Zügen aufzusaugen. Sehen, Hören und Fühlen. Es wird dir viel Kraft, Energie, Inspiration und Sicherheit geben. Wir erleben jede Sekunde und konservieren die Eindrücke für die Zukunft, denn der Weise nimmt die Zukunft vorweg. Das bedeutet nicht, dass er sich einen DeLorean kauft und mit Doc Brown eine Zeitreise in die Zukunft unternimmt, so wie es die Filmfigur Marty McFly, gespielt von Michael J. Fox, in dem dreiteiligen Hollywood Blockbuster "Zurück in die Zukunft" aus den 80er Jahren erlebte. Eine Filmreihe übrigens, die ich jedem Fiction Fan nur wärmstens empfehlen kann. Stattdessen wirft er einen emotionalen, sanften Blick in die Zukunft. Wir sprechen gern von Visionären, also Menschen die eine Vorstellungskraft haben, was in der Zukunft sein könnte. Richard Branson, Steve Jobs, Bill Gates oder Elon Musk sind prominente Beispiele unserer Zeit. Es gibt inspirierende Biografien über diese Menschen, die ich nur wärmstens zur Lektüre empfehlen kann, auch wenn es sich wahrlich nicht um unproblematische Persönlichkeiten handelt. Ich bin beim Lesen dieser Biografien und beim weiteren Hinterfragen der Denkmuster dieser Visionäre zu dem Schluss, gekommen dass nicht jeder Visionär zwangsläufig ein grandioser Schöpfer sein muss. Jeder von uns kann im Rahmen seiner Möglichkeiten Visionen entwickeln, und damit ein Gestalter werden, auch wenn es sich nur um das eigene Leben, oder das nähere Umfeld handelt. Wenn du die Zukunft schon nicht aufhalten kannst, dann gestalte diese wenigstens nach deinen Vorstellungen, oder beteilige dich zumindest daran, um vom passiven Mitreisenden zum Kapitän deines Zukunftsschiffes zu werden.

## III. Die philosophische Zukunftsbetrachtung

Ich möchte dich im Folgenden gerne etwas herausfordern. Zumindest für mich war das kommende Thema eine Herausforderung, und zwar geht es um die philosophische Definition und deren Erklärungsversuch. Ich finde die Philosophie sehr spannend, da sie selbst unsere allgemein anerkannten Gedankenmodelle wie die Mathematik herausfordert und zumindest eine Erweiterung des Gedankenhorizontes des Menschen fordert. Natürlich stelle ich nicht die Kraft und Stärke der Mathematik in Frage, halte es aber für sehr gesund, die mathematische Logik zu hinterfragen und damit auch auf seine Gültigkeit in allen Belangen zu überprüfen. Die philosophische Definition der Zukunft wirft noch ein ganz neues Licht auf unseren Versuch, Zukunft zu erkennen und zu verstehen. Ein philosophischer Ansatz, den ich gerne mit dir betrachten möchte, sieht die Zukunft als eine Projektion unserer Träume. Unsere Vorstellung von der Zukunft spiegelt danach unsere Wünsche wieder. Puh, jetzt wird es hart für uns. Wir können streng genommen gar nicht sicher sagen, ob es die Zukunft, wie wir sie uns vorstellen, überhaupt gibt. Wir wissen nur, dass wir die Vergangenheit erlebt haben und dass es ein Jetzt gibt. Und daraus schlussfolgern wir, dass es eine Zukunft nach diesem Muster geben muss. Denn wenn es eine Vergangenheit gibt, also einen Zustand vor dem Jetzt, war ja die Gegenwart noch nicht existent, es war also Zukunft. Erst wenn wir den Moment erleben, den wir uns gedanklich als Zukunft vorgestellt haben, könnten wir ihn mit unserer Vorstellung abgleichen, und dann auch nur sagen: „Das war die Zukunft". Und mit der Veränderung unseres Zustandes ist der zukünftige Moment bereits gegenwärtig und im nächsten Moment auch schon wieder vergangen. Und diese Sicht fordert dieser philosophische Ansatz heraus. Stellen wir uns doch einmal die Frage, warum wir uns überhaupt mit der Zukunft befassen und warum wir uns an die Vorstellung binden, dass dieser Zeitpunkt kommen wird und damit Einfluss auf unsere Gegenwart hat. Ich finde die Antwort recht simpel - weil wir Menschen Wünsche haben. Und ein Wunsch ist meistens etwas, das in der Gegenwart noch nicht existiert. Etwas, das jedoch möglichst irgendwann existieren soll. Und um einen Wunsch wahr machen zu können, brauchen wir den Glauben an einen Zeitpunkt nach der Gegenwart, in dem dieser Wunsch dann erfüllt wird. Bedeutet das, dass wir die Zukunft nur träumen müssen, um sie wahr zu machen - also auch nicht über Veränderungen nachdenken müssen? Eher nein, denn wir haben ja durch die vorhergehenden Betrachtungen gelernt, dass es keinen eindeutigen Beweis für oder gegen eine Existenz oder prädestinierte Form der Zukunft gibt. Vielmehr sind es Erklärungsversuche, die uns dabei helfen, ein Verständnis für diesen komplexen Themenbereich zu entwickeln. Was wir jedoch beobachten können, ist die Tatsache, dass Vergangenheit (Geschichte) und Gegenwart durchaus Einfluss auf die damalige Zukunft hatten. In jedem Fall können Träume nur in einem Zeitraum nach der Gegenwart wahr werden. Wenn sich also die Zukunft durch Wünsche und Träume definiert, können wir unsere Vorstellungskraft auch dafür zu Nutze machen, die Zukunft aktiv zu gestalten und zu einem integrativen Teil unseres Selbst zu machen.

Dabei stelle ich mir die Frage, ob die Zukunft jemals so sein wird, wie ich Sie mir vorstelle? Was denkst du? Kann das sein, oder geht das nicht? Wenn ich aus meiner eigenen Erfahrung spreche, dann haben sich meine Träume bisher weitestgehend erfüllt. Auf anderen Wegen, als ich sie mir vorher ausgemalt habe, Sie hatten eine andere Form, als in meiner ursprünglichen Vorstellung, aber Sie sind eingetreten. Beispielsweise wollte ich immer im Rampenlicht stehen. Dabei habe ich als 18-jähriger intuitiv an Musikbühnen gedacht, eine andere Form von Rampenlicht war für mich zum damaligen Zeitpunkt nicht vorstellbar, zumal ich ein begeisterter Musiker war, und bis heute geblieben bin. Heute bin ich als Kommunikationstrainer in der Industrie tätig. Und interessanterweise befriedigt diese Tätigkeit genau das Gefühl nach Aufmerksamkeit, das ich mir gewünscht habe. Denn als Trainer ist viel Aufmerksamkeit auf mich gerichtet, ich kann Emotionen hervorrufen, Gedanken verändern und Gefühle steuern. Menschen hören mir aufmerksam zu und applaudieren mir. Erst dadurch, dass ich diese Erfahrung gemacht habe, wurde mir klar, dass ich mein Ziel über Umwege doch erreicht habe, nur eben auf einem anderen ‚Spielfeld‘, als ich es mir mit 18 Jahren vorstellen konnte. Als Jugendlicher habe ich wie verrückt „Some Kind of Monster" angesehen, die Dokumentation über die Band Metallica, meine damaligen Heros. Ich habe sie bestimmt 100 mal in 2 Jahren angesehen, also fast einmal die Woche. Und ich wollte unbedingt wie James Hatfield, der Frontman von Metallica sein und war bereit, alles dafür aufzugeben. Ich habe auch wirklich mein Bestes gegeben, um das zu realisieren. Dass es dann irgendwie anders gekommen ist, als ich mir das damals erhofft hatte, wäre für mich damals undenkbar gewesen. Ich konnte mir das damals einfach nicht vorstellen, einmal als Trainer in der Industrie zu arbeiten und damit mein Geld zu verdienen. Ich war mir noch nicht einmal bewusst, dass es so einen Beruf überhaupt gibt. Ich bin quasi wie die Jungfrau Maria zu Ihrem Kind zu meinem heutigen Beruf gekommen. In der heutigen Retrospektive verstehe ich allerdings sehr gut, dass das Bild des Rockstars nur eine Projektion meiner Träume war. Die Träume, die wirklich hinter diesem Bild standen, waren ganz andere. Und das habe ich erst viel später herausgefunden. Mein eigentlicher Traum war es nämlich, die Welt zu bereisen, irgendwo auf diesem Planeten von jemandem erwartet zu werden, den ich noch nicht kenne, und der etwas von mir möchte und mir zuhört und Aufmerksamkeit schenkt. Und genau das habe ich mit meinen Aktionen in den letzten 10 Jahren erreicht, ohne dass ich sofort erkannt habe, dass ich auf dem für mich richtigen Weg bin. Es hat sich teilweise sehr schwer und hart angefühlt, nicht den Erfolg als Musiker zu haben, den ich mir gewünscht habe.

Wenn ich die Moral aus meiner kleinen Geschichte ziehen darf, und das mit unserer philosophischen Zukunftsbetrachtung abgleiche, dann kann ich für mich zu dem Entschluss kommen, dass meine Zukunft auf jeden Fall eine Projektion meiner eigenen Träume geworden ist. Auf anderen Wegen, als ich es mir erträumt hatte, was aber nebensächlich ist, wenn man am Ende den tieferen Sinn seines Traumes erreicht. Solange es die gleiche Befriedigung erzeugt, ist alles gut. Vielleicht führe ich in 20 Jahren ganz andere Tätigkeiten aus, als heute. Tätigkeiten, die ich noch nicht kenne, die vielleicht noch gar nicht als Berufsfeld existieren.

Ich habe meinen ursprünglichen Traum nicht aufgegeben, aber als ich merkte, dass er aus verschiedenen Gründen nicht in Erfüllung gehen wird, diese Version der Zukunft also nicht Realität wird, hat mich das nicht unglücklich gemacht. Ganz im Gegenteil. Ich habe es immer als Chance gesehen, mich neu zu kalibrieren und meine Träume und Ziele an meine aktuelle Situation und an Notwendigkeiten anzupassen. Und genau damit verliere ich jegliche Angst vor Veränderung und Angst vor der Zukunft. Im Gegenteil, ich freue mich auf die kommenden Entwicklungen. Denn ich weiß, dass ich diese mit meiner eigenen Vorstellungskraft gestalten kann. Und damit kann ich für mich schlussfolgern, dass meine persönliche Zukunft wahrscheinlich zumindest eine grobe Projektion meiner Träume sein wird. Wie sieht es bei dir aus? Glaubst du daran, dass du die Zukunft mit deinen Gedanken verändern kannst und damit durch deine Träume überhaupt erst lesbar wird? Egal wie du dich an dieser Stelle entscheidest, die Gedankenreise lohnt sich in jedem Fall.

## IV. Der Zukunftsbegriff bei Kindern.

Einen weiteren Aspekt von Zeit und Zukunft, den ich für hochspannend und interessant halte, möchte ich gerne auf unserer Lernreise mit aufgreifen. Es handelt sich um die Entwicklung von Kleinkindern und deren Selbstwahrnehmung. Die medizinische Forschung hat ergeben, dass Kinder im Zeitraum zwischen 18 und 24 Monaten ihr Ich-Bewusstsein entwickeln. Das bedeutet, dass Kinder in dieser Zeit bewusst erkennen, dass sie existieren und wer sie sind. Sie erkennen sich im

Spiegel und können sich mit all Ihren Sinnen selbst wahrnehmen. Dies ist nach Aussage der Mediziner die Voraussetzung für die Positionierung eines Selbst in der Zeit. Um überhaupt wahrnehmen zu können, dass man seinen Zustand im Laufe der Zeit verändert und dass man eine Existenz in der Zeit fristet, muss man natürlich erstmal seine eigene statische Existenz wahrnehmen können, bevor man die Dynamik des eigenen Daseins erkennen kann. Dieser zweite Entwicklungsschritt, also das Erkennen des eigenen Selbst im Verlauf der Zeit geschieht Wissenschaftlern nach in der Regel etwa zwischen 3 und 4 Jahren. Das bedeutet, dass Kinder in diesem Alter entdecken und verstehen lernen, dass sie Teil eines kontinuierlichen Wandels sind. Zu dem Zeitpunkt können sie weder definieren oder ausdrücken, was sie unterbewusst wahrnehmen, aber es findet ein Denkprozess statt, der es ermöglicht, dass Kinder an die Vergangenheit denken und anfangen, sich Gedanken über die Zukunft zu machen. Sie erinnern sich daran, dass Dinge geschehen sind, haben ein Bewusstsein für das hier und jetzt und machen sich zum ersten Mal Gedanken über das, was kommt. Sehr gut zu beobachten ist das daran, wenn sich Kinder zum ersten Mal überlegen, was sie sich zu Weihnachten wünschen und wenn sie inständig mit Ihrem Weihnachtskalender daraufhin fiebern, dass der Weihnachtstag endlich kommt. Dann hat genau dieser Prozess der Wahrnehmung der Kinder von sich selbst im Wandel der Zeit begonnen.

Nun möchte ich dich gerne mit folgendem Gedanken herausfordern: Wenn ein Kind erst mit 3 oder 4 Jahren ein Bewusstsein für die Zeit entwickelt, also Zeit für das Kind erst an diesem Punkt erlebbar wird, hat das Kind dann zuvor überhaupt eine Zukunft gehabt? Gab es also Zeit überhaupt für das Kind? Oder wird Zeit vielleicht erst durch Bewusstsein evident? Ist Zeit also tatsächlich nur ein Erklärungsversuch für die Wahrnehmung eines Selbst im Veränderungsprozess? Wäre das der Fall, dann würde Zeit und damit die Zukunft für ein Kind erst in dem Augenblick evident, wo das Kind dieses Bewusstsein entwickelt.

Es ist interessant zu beobachten, dass Kinder, die sich in diesem Alter und akut in diesem Stadium der Selbsterkenntnis befinden, überhaupt keine Angst vor der Zukunft zu haben scheinen.

Sie sind frei von Ängsten und stehen dem Kommenden ganz wertfrei gegenüber. Der Zeitstrahl, und damit die Gegenwart, Vergangenheit und Zukunft werden erkannt, aber nicht bewertet. Es liegt also nahe, dass uns die Angst vor der Zukunft in unserer weiteren Entwicklung antrainiert wird. Als Einflussfaktoren kommen Gesellschaft, Wirtschaft oder die Familie in Frage. Kann es also sein, dass die Angst vor der Zukunft tatsächlich ein antrainieren Verhalten ist, das sich im Verlauf der Kindheit bis ins Jugendalter langsam verstärkt? Wird diese Angst durch Institutionen wie Schulen, Vereine und die Familie unbewusst erzeugt, oder handelt es sich hierbei um ein gesellschaftliches Problem?

Selbstverständlich gehört eine Sorge um die eigene Zukunft und die der Schutzbefohlenen zu unseren durchaus vernünftigen Mustern, die uns zur Vorsorge antreiben, um die menschlichen Grundbedürfnisse jederzeit befriedigen zu können. Die enorme Angst vor Veränderung und damit vor der Zukunft, wie ich Sie häufig erlebe, ist aber ein schädliches Extrem dieser Sorge. Es scheint also tatsächlich ein gesellschaftliches Muster zu geben, das in der Regel angstfreie

Kinder im Laufe Ihrer Entwicklung zu ängstlichen Persönlichkeiten macht. Dieses Gesellschaftsmuster muss in jedem Fall bekämpft werden, denn so wichtig eine Grundskepsis für unser Überleben ist, so sehr kann sie auch blockieren und einschränken. Ist es nicht eine Freude, zu beobachten, wie schnell sich angstfreie Kinder entwickeln? Es ist ein Geschenk, dass Kinder die außerordentliche Gabe haben, sich zu verändern und sich an neue Situationen ganz schnell zu gewöhnen und anzupassen. Wir lieben es doch alle, diese Erfahrung in unserem Umfeld zu machen - sei es bei unseren eigenen Kindern, Kindern in unserer Familie oder unter Freunden. Warum streben wir nicht danach, diesen Entdeckergeist und die Liebe zur eigenen Entwicklung wiederzubeleben? Wir sollten unser inneres Kind wiederentdecken, unsere Komfortzone verlassen, und uns auf eine abenteuerliche Reise in die Zukunft begeben. Wir tun das viel zu selten und sollten unser Bewusstsein dafür wieder schärfen. Nimm dir die Kinder in Ihrem näheren Umfeld zum Vorbild, um die hemmungslose Lust auf die Gestaltung der Zukunft wieder neu zu spüren. Vielleicht hilft es dir dabei, agiler zu werden und dich selbst mit offenen Augen im Lauf der Zeit zu sehen, dich bewusst zu positionieren. Mache das Verstehen deines Weges im Lauf der Zeit zur Grundlage aktiven Gestaltens.

Lass uns das Kapitel „Erkenne" zusammenfassen. Wir haben uns auf unserer bisherigen Mission mit unterschiedlichen Denkmustern befasst, die versuchen, den Begriff der Zeit, der Zukunft und damit der stetigen Veränderung des Seins zu erklären. Wir sind zur Erkenntnis gekommen, dass die unterschiedlichen Modelle der Wissenschaft, Philosophie oder Psychologie unterschiedliche Aspekte beleuchten und vielfältige Bilder zeichnen. Wir haben aber auch festgestellt, dass es einen gemeinsamen Nenner gibt. Wir haben einen nicht unwesentlichen Einfluss auf die Zukunft, zumindest aber unserer persönlichen Zukunft. Es scheint in jedem Fall einen signifikanten Zusammenhang zwischen unseren Gedanken, unserem Verhalten und der persönlichen Entwicklung zu geben. Ich folgere daraus, dass es für einen glücklichen Menschen unabdingbar ist, sich mit der Veränderung der Dinge zu befassen, diese zu akzeptieren und sich mit offenen Augen der Veränderung zu stellen. Nur wer Veränderung zulässt und erkennt, kann sie am Ende durch eigenes Handeln selbst gestalten. Und damit möchte ich gerne den Teil des Erkennens unserer Reise abschließen und mich gemeinsam mit dir auf den zweiten Schritt der »Delta $X^2$ Methode« konzentrieren und das nächste Kapitel eröffnen: »Verstehe«.

# Verstehe

Wir wagen gemeinsam den nächsten Schritt, soweit du bereit bist. Wir haben uns der Zukunft angenähert und versucht ein Bewusstsein dafür zu entwickeln. Dabei haben wir festgestellt, dass wir uns einer ständigen Veränderung von Zuständen gegenüber sehen, die unvermeidbar sind, da sie einem Naturgesetz folgen, dem unser ganzes Universum zu unterliegen scheint. Wir haben festgestellt, dass alle Betrachtungsweisen, die wir gemeinsam angeschaut haben, zum gleichen Fazit führen, auch wenn sie unterschiedliche Details beleuchten.

Wir haben das für uns anerkannt und akzeptiert. Nun wollen wir ein tieferes Verständnis dafür erarbeiten und uns sensibilisieren, was denn prinzipiell für Veränderungen auf uns zukommen können und welche Faktoren einen Einfluss darauf haben. Nur dann können wir auf kommende Entwicklungen angemessen reagieren und Zukunft gestalten.

Wir werden uns mit der Entstehung von Trends und Megatrends beschäftigen, versuchen

Epochenbildung zu verstehen und uns die Frage stellen, was denn eigentlich ‚Zeitgeist' bedeutet. Ein deutscher Begriff übrigens, der Einzug in viele Weltsprachen gehalten hat. Wir wollen gesellschaftliche, soziale sowie wirtschaftliche Veränderungsprozesse erkennen und dieses Wissen danach auf unseren eigenen Mikrokosmos übertragen. Wir beginnen mit der Betrachtung der in den letzten Jahren inflationär benutzten Begriffe ‚Trend' und ‚Megatrend'.

## I. Trend und Megatrend.

Du wirst den Begriff ‚Trend' in den letzten Jahren sehr häufig gehört und gelesen haben. Er wird in den publizierenden Medien fast täglich angewendet und ist charakterisiert die 2000-er Jahre, als der Wandel durch die digitale Revolution sehr deutlich an Tempo gewann. Ich empfinde den Begriff als sehr stark und mächtig, doch was steckt eigentlich dahinter? Das Wort Trend hat laut Duden folgenden Sinn: **„Über einen gewissen Zeitraum bereits zu beobachtende, statistisch erfassbare Entwicklung"**. Ein Trend ist also, anders ausgedrückt, eine Entwicklung (also Veränderung), die an einem Zeitstrahl entlang gemessen wird und dabei statistisch messbar sein muss. Wir haben es also wieder einmal mit Zeit zu tun. Darum haben wir uns im Vorfeld so viel mit dem Begriff der Zeit beschäftigt. Ich möchte gerne direkt mit dem Beispiel eines Trends beginnen. Die sozialen Medien starteten 2005 in Deutschland mit Netzwerken wie ‚Studi VZ' und den ‚Lokalisten'. Bereits zwei Jahre vorher war der amerikanische Riese ‚MySpace' online gegangen und 2004 folgte ‚Facebook'. Das ist die messbare Komponente Zeit im exzessiven Wachstum dieses Trends. Erstmalig konnte man über das Internet direkt mit Freunden kommunizieren. Das vorherige Kommunikationsformat ‚E-Mail', das sich bis heute als Geschäftskanal hält, war im Prinzip nur eine digitale Post. Jetzt konnte man ein Profil von sich erstellen und sich persönlich eindrucksvoll in Szene setzen, da die Formate multimedial aufgesetzt waren und über reinen Text hinaus gingen. So entstand im digitalen Zeitalter ein multimedialer Fingerabdruck. Mit Facebook ging das Rennen dann endgültig los. Facebook explodierte förmlich in den Jahren 2006 bis 2009, als die Nutzerzahlen jährlich um das Zwei- bis Dreifache wuchsen. Facebook hatte sich in kürzester Zeit so stark in unserer Gesellschaft etablieren können, dass es heute aus der sozialen Kommunikation vieler Menschen weltweit kaum noch wegzudenken ist. Facebook ist heute eine der wertvollsten Marken der Welt und der Mutterkonzern »Meta« ein sehr mächtiger, globaler Player. Diese wachsende Macht des Konzerns erzeugte verständliche Angst. Wir dürfen unsere Augen vor den Gefahren der Informationsflut und des Missbrauchs unserer personenbezogenen Daten nicht verschließen. Auch die Defizite bei der schier unaufhörlichen Datensammlung müssen angesprochen werden. Andererseits gibt es auch positiven Aspekte dieses Trends. Für mich sind beispielsweise soziale Medien wie »Instagram«, »TikTok« und »LinkedIN« ein wichtiger Bestandteil meiner Marketingstrategie und ein nicht zu verachtender Vertriebskanal. Für viele Nutzer ist Facebook tatsächlich ein Freundschaftsnetzwerk, wie es ursprünglich einmal geplant war, und für einige Nutzer auch eine Flucht aus der Einsamkeit. Die Bedeutung ist auch ohne vertieftes Fachwissen leicht anhand von Nutzerzahlen erkennbar. ‚Social Media' ist also definitiv ein Trend.

Nähern wir uns dem Begriff etwas trivialer. Vielleicht hast du schon einmal den Satz gesagt: „Damit liegt man gerade voll im Trend" und dich unbewusst bereits als Trendforscher geübt. Um besser zu verstehen, was dich zu dieser Einschätzung bewogen hat, versuche doch einmal zu analysieren, welche Beobachtungen dich in der Vergangenheit zu dieser Schlussfolgerung geführt haben. Damit bist auf dem richtigen Weg, um die Zukunft verstehen zu lernen, und deine persönlichen Ängste vor der Zukunft zu mildern. Bei einem Trend treten sehr schnell Veränderungen in unserem Umfeld auf, die einen nicht unwesentlichen Einfluss auf unser Leben haben können. Ein Modetrend ist harmloser Art, aber ‚Social Media' ist wesentlich dramatischer – es ist ein ‚Megatrend'. Der ‚Megatrend' ist laut Duden: „Ein Trend, der zu großen Veränderungen führt." Der amerikanische Autor und Trendforscher John Naisbitt (geboren 1929 in Salt Lake City) prägte den Begriff Megatrend und bezeichnete diesen als „große soziale, ökonomische, politische und technologische Veränderung. Megatrends beeinflussen uns für eine ganze Zeit, zwischen sieben und 10 Jahre oder länger".

Veränderungen dieser Tragweite können durchaus unseren Wertekanon beeinflussen. Genau die Werte, auf die du dich seit Jahren berufst und von denen du nicht glaubtest, dass sie sich jemals ändern. Aber in der Tat sind wir fähig, unsere Werte zu ändern. Es ist manchmal sogar unumgänglich, wenn die eingebrannten Handlungsmuster nicht mehr mit deinen neueren Erkenntnissen übereinstimmen. Die große Frage dabei ist, ob ein Megatrend einen Wert verändern kann oder ob ein Wertewandel einen Megatrend initiiert. Denken wir beide Möglichkeiten doch einmal gemeinsam durch.

Ein Trend, also eine bestimmte Entwicklung verändert unser Wertesystem. Das bedeutet, dass sich unser Standpunkt durch Einflüsse von außen abändert, je nachdem mit welchen Themen wir in unserem Umfeld konfrontiert werden. Nehmen wir das Beispiel Homosexualität. In den Gründungsjahren der Bundesrepublik Deutschland wurde 1957 Homosexualität unter dem Artikel §175 des BGB als Straftat tituliert und polizeilich geahndet. Über 50.000 Männer wurden bis 1969 strafrechtlich verurteilt, bis Homosexualität ab einem Schutzalter von 21 Jahren legalisiert wurde. Es dauerte bis 1994, bis das vereinigte Deutschland das Schutzalter von Kindern auf das gleiche Maß herabgesetzt hat, wie bei heterosexuellen Handlungen. Das ist noch gar nicht so lange her. Noch heute werden homosexuelle Handlungen in Ländern wie Saudi Arabien, Brunei oder dem Sudan mit dem Tode bestraft. Doch auch im Deutschland der 50-er Jahre war die Gesellschaft sich weitgehend einig, dass homosexuelle Handlungen ihrem Wertesystem widerspricht und dass diese zu missbilligende Handlung unter Strafe stehen müsse. Helden der Popkultur, wie Freddie Mercury oder Elton John, die Vorbilder von vielen jungen Fans waren, sind homosexuell. Damit mussten sich die Konsumenten der Kunst notgedrungen mit dem Thema auseinandersetzen. Es entstand ein Zwiespalt. Einerseits nahmen die Konsumenten die kulturellen Einflüsse dieser Künstler gerne an und resonierten mit deren Kunst, andererseits standen diese Personen für etwas, das Ihnen persönlich missfiel. In Familien taten sich problematische Generationsgräben auf, zumal viele Heranwachsende die Ablehnung der Eltern dankend für ihre Jugendrevolte nutzten. Es war sogar eine noch stärkere

Waffe, weil sich zum reinen Musikgeschmack zusätzlich ein gesellschaftlicher Wertegraben auftat. Diese Spannung trug mitunter dazu bei, dass unsere aufgeklärte Gesellschaft heute wesentlich liberaler mit alternativen Lebensmodellen umgeht. Selbst in der flächendeckend eher konservativen USA dürfen homosexuelle Paare heiraten und genießen nahezu alle Privilegien und Pflichten wie heterosexuelle Paare. Ja, ein Trend kann also definitiv das Wertesystem einer Gesellschaft verändern. Beobachte dich nun für einen kurzen Moment selbst. Welche Werte haben sich aufgrund von Trends in den vergangenen 10 Jahren bei dir verändert, obwohl du zuvor eine andere Überzeugung hattest?

Sprechen wir nun über die zweite Möglichkeit - ein Wertewandel löst einen Trend aus. Dafür möchte ich ein Beispiel aus der Automobilindustrie, die ich aus meiner beruflichen Erfahrung sehr gut kennenlernen durfte, wählen. In den vergangenen Jahren beschäftigen wir uns gesellschaftlich, wirtschaftlich und politisch vermehrt mit dem Themenkomplex der Umweltverträglichkeit, Energieeffizienz und Ressourcenschonung. Aufgrund steigenden Wohlstandes und einer Sättigung von Bedürfnissen in Zentraleuropa und Amerika rückte dieses Thema mehr und mehr in den Vordergrund und es findet ein langsames Umdenken in den Köpfen in unserer Gesellschaft statt. Fair Trade Geschäfte, der Bann von Plastiktüten oder Kaffeebechern sind dabei nur wenige Beispiele. Ohne Zweifel haben wir es hier mit einem lang anhaltenden und sich verfestigendem Wertewandel zu tun. Dieser Trend hat starke Auswirkungen auf die Automobilproduktion. Nicht nur müssen die Verbrennungsmotoren immer effizienter werden, die Automobilhersteller müssen auch neue Modelle entwickeln, um die Bedürfnisse Ihrer Kunden auf eine ökologische Weise zu befriedigen. Aus diesen Gründen ist der Trend von Elektroautos entstanden. Elektroautos gibt es schon seit vielen Jahren. Um genau zu sein, seit über einem Jahrhundert. Ferdinand Porsche entwickelte für den Automobilhersteller Lohner den ‚Lohner Porsche'. Ein elektrisch betriebener Wagen mit Zentralakku im Unterboden und vier elektrischen Radnabenmotoren. Das Auto wurde 1900 auf der Weltausstellung in Paris erstmalig der Öffentlichkeit präsentiert und ‚glänzte' mit einer Reichweite von bis zu 40 Kilometern. Leider gab es damals aufgrund unserer Denkweise und der damit verbundenen Werte keinen Bedarf in unserer Gesellschaft. Wirtschaftsinteressen und daraus folgende Behinderung der öffentlichen Aufmerksamkeit verhinderten einen bereits damals möglichen Trend. Niemand konnte oder wollte sich die Auswirkungen des Verbrenners in Hinsicht auf Umweltverschmutzung durch Millionen von Fahrzeugen auf den Straßen vorstellen. Es bedurfte erstens des Erlebens von stinkenden Blechlawinen und zweitens der Einsicht, dass es tatsächliche einen menschengemachten Klimawandel gibt, um ein neues Bewusstsein zu etablieren. Nur so konnte dann auch der Trend zum Elektroauto entstehen. Das erzeugte Druck auf die großen Automobilhersteller, Elektroautos auf den Markt zu bringen. Zusätzlich bedurfte es aber auch noch der Initiative von ‚Trendsettern‘, also von ‚Visionären‘, die bewiesen, dass Elektrofahrzeuge tatsächlich verkaufbar waren. Die enormen Entwicklungskosten und die damit verbundene Gefahr, die eigene Kernkompetenz zu verlieren, haben die Platzhirsche der Automobilindustrie zunächst zögerlich auf diesen Trend reagieren lassen. Nachdem sie dem Druck des Trends nachgegeben hatten, sahen sie sich einem nur schwer zu kompensierenden Wettbewerbsnachteil gegenüber, weil sie ihre Kompetenz auf diesem Gebiet erst verspätet nachweisen konnten. Sie hatten das Heft des Handelns aus der Hand gegeben und reagierten damit nur auf den Wertewandel unserer Zeit, statt Mitgestalter eines Zeitgeistes zu sein.

Ein Wertewandel kann also tatsächlich einen Trend auslösen und damit auch unser Konsumverhalten nachhaltig verändern. Hast du dein Elektroauto schon bestellt, oder hast du Angst davor, etwas Neues auszuprobieren? Ich habe die Nutzung eines Elektroautos in meinem Alltag ausprobiert und kann dir sagen, dass es ein fantastisches Fahrerlebnis ist. Probiere es einfach aus und gebe so deiner persönlichen ‚mission:future' eine zukunftsorientierte Wendung. Natürlich gibt es durchaus gute Gründe, mit diesem Schritt noch zu warten, aber hüte dich vor pauschaler Verurteilung des Trends, denn er wird stärker sein als du.

Wie ein Megatrend eine gesamte Industrie mitsamt deren Platzhirschen umwerfen kann, sehen wir am ‚iPhone' von Apple. Mit der Einführung des Smartphones wurden Handys und MP3-Player überflüssig. Das kostete unter anderem Marktführern wie Nokia den Kopf. Diese Firmen konnten dem Wandel nicht folgen und viele versanken in der Bedeutungslosigkeit bis zur Insolvenz. Doch was war der Grund dafür, dass diese Firmen den Wandel nicht mitgehen konnten? Immerhin reden wir von internationalen Konzernen, die finanzstark waren, eine langjährige Tradition in ihren Branchen aufwiesen, und viel Erfahrung der Produktentwicklung hatten. Zudem beschäftigten Sie viele tausend Mitarbeiter. Wir können davon ausgehen, dass die nicht alle doof waren. Know-how, Erfahrung und Geld hätten eigentlich zusammen eine starke Einheit bilden sollen. Was lief also schief?

Einige Firmen entwickeln kontinuierlich an Ihrem Produkt weiter. Sie optimieren behutsam, gestalten eine Evolution anstatt einer Revolution. Dabei übersehen sie jedoch an einem bestimmten Punkt, dass sich das Bedürfnis Ihrer Kunden durch eine gesellschaftliche, wirtschaftliche oder politische Veränderung wandelt, welches zuvor durch den Kauf des Produktes oder den Erwerb der Dienstleistung befriedigt werden konnte. Sie entwickeln also kontinuierlich an einem Produkt weiter, das im freien Markt gar keiner mehr haben möchte oder braucht. Man verpasst den Punkt, an dem das eigene, im Detail perfektionierte Produkt obsolet wird, weil es keine Nachfrage mehr gibt. Ein gutes Beispiel hierfür ist die CD Industrie. Die CD wurde sukzessive von den Plattenlabels optimiert. Als die ersten MP3-Player auf den Markt kamen, ging man davon aus, dass es sich hierbei um ein Nischenprodukt für die mobile Nutzung neben dem bereits eingeführten mobilen ‚Discman' handelt. Es wurde ein hoher Entwicklungs- & Produktionsaufwand betrieben, um die CD marktfähig zu halten. Man trug dem Umweltgedanken Rechnung und verpackte die CD fortan in Pappe (Digipack). Man setzte auf bessere Klangqualität und übersah dabei, dass die Konsumenten die Handhabbarkeit bei der Kaufentscheidung priorisierte. Dieser Trend setzte sich fort, bis Apple 2007 das iPhone vorstellte, die Verschmelzung eines Telefons mit einem Audio-Player und einem Communicator. Damit explodierte der Trend zum nichtphysischen Musikkonsum förmlich. Ein herber Schlag für die CD Industrie, die schlichtweg zu spät erkannt hat, dass sich ihre Priorisierung und Definition der Klangverbesserung vom Konsumenten nicht mehr geteilt wurde. Du siehst also, dass es von enormer Wichtigkeit ist, dass man Trends frühzeitig erkennt und vor allem versteht, um darauf reagieren zu können. Damit vermeidet man, langfristig abgehängt zu werden – apropos ‚abgehängt‘.

Man spricht von ‚abgehängt‘, wenn sich Personen in ihrer gesellschaftlichen Position nicht mehr akzeptiert fühlen, und sie von der Gesellschaft ausgeschlossen werden. Dies kann finanzielle Gründe haben, die Menschen können sich kulturell nicht mehr verstanden fühlen, oder kommen mit technischen Entwicklungen nicht mehr zurecht. Meist handelt es sich um eine Mischung aus den genannten und anderen Faktoren. Diese Menschen vereinsamen, werden depressiv und entwickeln in ihrem Gefühl der Missachtung auch öfter Aggressionen. Das ist kein sehr angenehmer Zustand, den man selbst in jedem Fall vermeiden möchte. Wie kann man vermeiden, gesellschaftlich abgehängt zu werden? Viele der Abgehängten haben ja das Gefühl, dass die Distanz zwischen Ihnen und der Gesellschaft durch äußere

Einflüsse hervorgebracht wird und sie selber aufgrund Ihrer limitierten Möglichkeiten nur wenig
dagegen tun können. Hier muss ich wieder auf
mein Credo und den Titel dieses Buches hin-
weisen, nämlich »Change beginnt im Kopf«,
denn dieses Gefühl, nur sehr limitierte oder gar
keine Gestaltungsmöglichkeiten zu haben, also
abgehängt zu sein, ist nicht nur von äußeren
Faktoren abhängig, sondern hat auch immer
etwas mit unserer inneren Einstellung zu tun. Was
man denkt, strahlt man ja bekanntermaßen auch
aus und die Umwelt reagiert auch darauf. Wir
sprechen hier häufig von der selbsterfüllenden
Prophezeiung. Ein Sprichwort lautet: „Wie man
in den Wald hineinruft, so schallt es hinaus.", und
das bestätigt sich im Alltag häufig. Das beschreibt
eine Kette von Aktion und Reaktion, die auch
bereits durch unbewusste Signale der inneren
Einstellung ausgelöst wird. Doch wie kann ich
denn nun aktiv auf meine innere Einstellung und
die unbewussten Signale einwirken und was sind
meine Werkzeuge dafür? Ich verhalte mich ja
nicht bewusst lethargisch oder ablehnend.

Durch das Verständnis von Trends, gesellschaftlichen Entwicklung und der stetigen Trans-

formation des Zeitgeistes verhinderst du von diesen überholt oder gar überrascht zu werden. Wenn du dich aufmerksam mit der Zukunft beschäftigst, dieser aufgeschlossen begegnest und dabei behutsam beobachtest, was sich in deinem Umfeld verändert, wirst du nicht stagnieren und langsam abgehängt werden. Wenn du frühzeitig reagierst, kannst du dein Leben, dein Umfeld und deinen Standpunkt behutsam an die Gegebenheiten anpassen. Du musst auch deine Prinzipien nicht aufgeben, denn diese entwickeln sich in diesem Falle einfach mit. Das hat zur Folge, dass du zunächst eine Veränderung erkennst und Reaktionen zumindest antizipieren kannst. Du bist für eine Diskussion mit dir selbst und im weiteren Verlauf auch mit den Menschen um dich herum bereit. Du kannst Teil eines lebendigen Diskurses werden und damit der Gefahr begegnen, an den Rand der Gesellschaft gedrängt zu werden. Es ist wichtig, Entwicklungen in der Zukunft zu verstehen, auch wenn es sich nur um Mikroentwicklungen in deinem begrenzten Wirkungsspektrum handelt. Es wird dir Sicherheit, Ruhe und Gelassenheit geben. Du legst die Angst vor Veränderung ab, öffnest deinen Horizont und wirst aufgeschlossener.

Doch kommen wir an dieser Stelle zurück zu dem Begriff des Megatrends. Die gibt es nicht erst seit der Namensgebung durch John Naisbitt, einem amerikanischen Trendforscher und Bestsellerautor, der im Jahre 1982 das Buch »Megatrends« veröffentlicht hat und damit den Begriff geprägt hat, wie kein anderer. Aber wie gesagt, das Phänomen gibt es nicht erst seit den 80-er Jahren. In früheren Zeiten sprach man von Epochen, die den Zeitgeist einer ganzen Generation, oder sogar darüber hinaus, oft sogar weltweit geprägt hat. Große Trends mit starken Auswirkungen gab es also schon immer. In der Musik, in der Kunst, der Architektur, der Philosophie und anderen Bereichen. Daran hat sich im Grunde genommen nie etwas geändert.

Der entscheidende Unterschied zwischen den Epochen und den Trends ist jedoch ein ganz wesentlicher, historisch bedingter. Durch die Globalisierung von Information und Kommunikation ist die Lage unübersichtlicher geworden. Regionale Trends konkurrieren miteinander, verschmelzen zu überregionalen Megatrends, oder bilden kontroverse Lager. Daraus entstehen unterschiedliche gesellschaftliche Strömungen, die sich innerhalb von globalen Epochen bewegen. Natürlich ist diese Strukturerweiterung auch eine Folge unserer heutigen globalen Sichtweise. In früheren Zeiten wusste man einfach nicht, was sich in entfernten Gebieten der Welt abspielte. Wir können heute also vielfältige Trends auf der ganzen Welt beobachten und aufgrund der Informationsmöglichkeiten sogar Details beobachten. Und damit kommt nun die nächste große Herausforderung auf uns zu. Wir müssen nicht nur mit den Gegebenheiten einer Epoche zurechtkommen, wir können uns auch noch für bestimmte Strömungen entscheiden, oder zumindest nach eklektischem Muster das Beste heraussuchen und zu unserem individuellen Leitbild zusammenstellen. Dadurch erweitern sich zwar unsere Möglichkeiten, es macht die Sache aber wahrlich nicht einfacher. Dennoch sollte es unser Bestreben bleiben, die Zukunft zu verstehen, indem wir uns global und holistisch mit vielen unterschiedlichen Trends befassen, die Hintergründe der Strömung durchleuchten und die Motive erkennen. Erst dann wissen wir, warum Menschen sich als

Schwarm in eine ganz bestimmte Richtung bewegen. Das mag eine große Herausforderung sein, ist aber auch eine große Chance für die Menschheit. Die Möglichkeiten zu kennen, machen das Leben bedeutend attraktiver. Die Wahl zu haben, Dinge anzunehmen oder ablehnen zu können, ist ein großes Privileg, das in der ersten Hälfte des 20. Jahrhunderts mit dem hohen Preis von zwei Weltkriegen und unzähligen Auseinandersetzungen bezahlt wurde und auch heute noch in vielen Teilen dieser Erde bezahlt wird. Dieses Privileg sollten wir sorgsam behandeln und dementsprechend auch die Möglichkeiten nutzen, Trends zu erkennen, zu verstehen und sich ihnen anzuschließen oder sie kontrovers im eigenen Kreis zu diskutieren.

## II. Zeitgeist.

Ich möchte mit Dir über einen wichtigen Faktor nachdenken, der für meine Wahrnehmung von Veränderungen, für meine Zukunftsorientierung und damit für meinen gesamten beruflichen und persönlichen Werdegang eine wichtige Rolle gespielt hat und immer noch spielt: Der Zeitgeist. Als Zeitgeist bezeichnet man das Denken und

Fühlen einer Epoche. Man kann auch von der Mentalität einer Generation sprechen. Aus vielen Konflikten mit deinen Eltern und Großeltern kennst du die unterschiedlichen Mentalitäten der Generationen. Natürlich sind wir durch sie und ihre Erziehung geprägt worden, haben bestimmte Verhaltens- und Denkmuster von ihnen übernommen, aber wir haben auch unsere eigene Weltsicht, unsere eigene Mentalität entwickelt und damit den Zeitgeist neu geprägt. So ist auch der Zeitgeist einem ständigen Wandel und einer kontinuierlichen Erneuerung unterworfen. Es sind keine fest umrissenen Elemente, die sich aneinanderreihen, sondern langsame, schleichende Entwicklungsprozesse. Insofern ist der Zeitgeist quasi ein Spiegel unserer eigenen Entwicklung. Mit uns meine ich das Kollektiv, dich und mich, unser Umfeld - wir alle prägen eine Zeit. Dabei können einzelne Völker ihren eigenen Zeitgeist entwickeln. Zeitgeist ist ein Phänomen, das vor allem mit der industriellen Revolution und der damit einhergehenden rasanten Globalisierung richtig Fahrt aufnahm. Spätestens aber mit der digitalen Revolution Ende der 1990-er und Anfang der 2000-er Jahre ist die Herausbildung eines entsprechenden Zeitgeistes noch mehr zu einem globalen Just-in-Time-Phänomen geworden, das nur noch auf internationaler Ebene stattfindet. Das Ergebnis ist, dass sich die Weltbilder der einzelnen Völker, die Lebensweisen auf den verschiedenen Kontinenten dieser Erde immer mehr angleichen. Natürlich gibt es nach wie vor sehr starke regionale Unterschiede, aber im Vergleich zum 19. Jahrhundert sind wir Menschen uns heute auf der ganzen Welt in unserer Lebensweise sehr viel ähnlicher geworden. Durch den Austausch digitaler Inhalte können wir uns ein immer feineres Bild von unserer Welt machen und kommen so zu ähnlichen Schlussfolgerungen, obwohl wir vielleicht aus ganz unterschiedlichen Kulturkreisen kommen. Ich habe die Erfahrung gemacht, dass sich diese Entwicklung erst in den letzten Jahrzehnten so verselbständigt hat, wie es heute der Fall ist. Für mich als Mitteleuropäer ist es völlig selbstverständlich und entspricht auch der Sichtweise meiner Eltern, dass ich mir mein Weltbild nach meinen individuellen Interessen und Befindlichkeiten zusammenstelle. Bei meinen Freunden aus weniger entwickelten Regionen wie der Karibik sieht diese Entwicklung ganz anders aus. Hier sind meine Freunde die erste Generation, die sich nicht von Ihren Eltern vorschreiben lassen, wie sie die Welt zu sehen haben und was sie aus Ihrem Leben zu machen haben. Dieser Trend, der wiederum Trends beschleunigt, hat massive Auswirkungen auf die Entwicklung unserer Gesellschaft auf dem ganzen Planeten. Denn neue Denkweisen, neue Denkstrukturen und neu definierte Bedürfnisse setzen sich deutlich schneller durch und definieren deinen Platz in unserer Gesellschaft.

Wir haben also nun festgestellt, dass sich der Zeitgeist deutlich schneller verändert, als noch vor wenigen Jahrzehnten. Einen nicht unwesentlichen Beitrag dazu leistet die digitale Vernetzung. Gleichzeitig vereinfacht das die Entwicklung und Durchsetzung von Trends und Megatrends. Wir müssen also zwangsläufig nicht nur auf Trends reagieren, sie erkennen und unsere eigene Position darin definieren, sondern auch relativ schnell sein. Das setzt dich jetzt zusätzlich unter Druck? Keine Sorge, tief durchatmen, es ist halb so schlimm, wie es auf den ersten Blick aussieht. Auf unserem weiteren Weg sollten wir also Ruhe bewahren und genau beobachten. Beobachte dich, beobachte deine Umgebung. Scanne die Situation und lasse dich inspirieren, dann kommt die Antwort auf das Was, Wann und Warum von selbst. Darum lass uns nun die Fähigkeit, die richtigen Fragen zu stellen, weiter verfeinern und trainieren. Für mich ist das ein evolutionärer Prozess, der mir manchmal gelingt und manchmal nicht. Meine Selbständigkeit begann vor etwa 16 Jahren. Kurz nach dem Abitur habe ich mein Gewerbe angemeldet und war bereit, meine genialen Ideen den vielen wartenden Kunden und Fans zu präsentieren. Du merkst schon, anscheinend hat es nicht ganz so geklappt wie gedacht. Stimmt. Und warum war das so?

Natürlich bin ich nach wie vor davon überzeugt, dass ich damals großartige Ideen hatte und auch heute noch jeden Tag viele gute Ideen habe. Die entscheidende Frage, die ich mir damals nicht gestellt habe, ist, ob mein Umfeld auch ein Bedürfnis hat, meine Ideen zu adaptieren. Ich habe immer nicht nur über Geschäftsmodelle, neue Produkte und Dienstleistungen nachgedacht, sondern auch gehofft, mit gesellschaftlichen Denkmodellen mein Umfeld zu beeinflussen und zu verändern. Dabei habe ich jedoch die

Perspektive meiner Adressaten vernachlässigt. Denn Kommunikation, also auch die Vermittlung und Umsetzung von Ideen, basiert immer auf dem Sender-Empfänger-Prinzip. Diese mangelnde Differenzierung meiner Sichtweise führte dazu, dass einige meiner Ideen und Grundhaltungen nicht auf fruchtbaren Boden fielen, weil ich mein Bedürfnis auf mich selbst gerichtet und auf alle anderen Menschen übertragen habe, ohne zu hinterfragen, ob sie wirklich das Gleiche wollen würden wie ich. Das führte zu Frustration - ich verlor für eine Weile die Lust und den Glauben daran, etwas verändern zu können und meine Bedürfnisse gewinnbringend in mein Umfeld - geschäftlich und gesellschaftlich - einzubringen. Doch die Erkenntnis, dass ich die Sichtweisen und Empfindungen meines Umfeldes mit meinen eigenen verschmelzen muss, führte zu einer interessanten Veränderung meines Denkens - vielleicht hat auch der Zeitgeist mein Denken geprägt - wer weiß. Ich begann zu beobachten. Und da ich die meiste Zeit mit mir selbst verbringe, lag es nahe, mit mir selbst zu beginnen. Ich begann, bestimmte Situationen, in denen ich definierbare Gefühle hatte - z.B. Wut, Freude,

Trauer etc. - von einer Art dritten Person aus zu betrachten. Ich versuchte, aus mir herauszutreten und die Situation für einen kurzen Moment als Außenstehender zu betrachten. Das habe ich vor allem dann gemacht, wenn ich mich in Situationen befand, die für mich neu waren. Das Ergebnis war verblüffend. Ich begann zu verstehen, wie sich mein Weltbild, meine Sicht der Dinge und meine Gedankenwelt schleichend und kontinuierlich veränderten. Ich erkannte die Tendenzen in mir. Diese waren sicherlich geprägt durch gesellschaftliche Trends, durch den sich ständig verändernden Zeitgeist meiner Generation, aber auch wesentlich durch meine eigenen Veränderungen (Arbeitsumfeld, Lebensraum etc.). Meine Beobachtungsgabe, die ich mir im Laufe der Jahre angeeignet habe, hat sich dabei so sehr verselbständigt und erweitert, dass ich irgendwann das Gefühl hatte, voraussehen zu können, welche Bedürfnisse ich in Zukunft entwickeln werde. Wie ich diese Bedürfnisse in der Zukunft befriedigen kann, weiß ich aber noch nicht - das hängt dann sehr stark von den Bedingungen ab, die in der Zukunft herrschen werden. Ich gebe dir ein Beispiel. Als Geschäftsreisender verbringe ich einen Großteil meiner Zeit auf Flughäfen, Bahnhöfen, in Hotellobbys und auf Autobahnraststätten. Das habe ich mir als Jugendlicher immer gewünscht, ich wollte die Welt bereisen. Und heute genieße ich es sehr und empfinde es als große Wertschätzung, dass meine Kunden bereit sind, mich quer über den Globus fliegen zu lassen, damit ich meine Wirkung bei ihnen entfalten kann. Gleichzeitig liebe ich es, die Welt zu entdecken. Im Moment genieße ich jede Sekunde, die ich in einem interkulturellen Umfeld irgendwo auf diesem Planeten verbringe, und ziehe viel Inspiration daraus. Aber ich kann jetzt schon abschätzen, wann ich eine Sättigung dieses Gefühls erreicht haben werde. Dann werden sich meine Bedürfnisse ändern, ich werde sesshaft werden wollen, ich werde meinen Lebensmittelpunkt auf einen bestimmten Ort konzentrieren wollen, ich werde meine Reisetätigkeit einschränken wollen. Und es ist großartig, dass ich das jetzt schon erkannt habe, denn so kann ich langfristig darauf hinarbeiten. Das bewahrt mich davor, irgendwann in einen Zustand der Unzufriedenheit zu verfallen, weil ich mich in meinem Leben nicht mehr wohl fühle. So kann ich jeden

Moment, den ich auf Tour bin, genießen, weil ich weiß, dass es irgendwann vorbei sein wird, oder zumindest dass es seltener so sein wird. So wie ich bei meinen Großeltern beobachtet habe, dass ihr Aktionsradius im Alter immer kleiner wird, weil sie einfach nicht mehr die Kraft haben. Und das ist, glaube ich, ein schleichender Prozess, den man in jüngeren Jahren noch nicht wahrnimmt, der aber kontinuierlich stattfindet und erst im höheren Alter exponentiell zunimmt.

Außerdem ist mein Umfeld - ich nehme mal meine engsten Vertrauten aus - weitgehend unberührt. Die Gesellschaft, die Wirtschaft und unsere Politik werden kaum davon beeinflusst, ob sich mein Lebensmodell ändert oder nicht. Ist das nicht großartig? Ich fühle mich bei diesem Gedanken sehr frei. Ich bin flexibel in meinen Gedanken und habe die Gabe, wie viele andere, vor allem junge Menschen, meine Denkmuster zu ändern. Nun kann es aber sein, dass sich meine Ansichten im Laufe der Jahre verfestigen und sich mit zunehmendem Alter nur langsam ändern. Das ist die Regel, je älter man wird. Bist du schon so weit? Dann scheinst du alt geworden zu sein. Aber wie du weißt, muss das geistige Alter nicht mit dem körperlichen Alter übereinstimmen und du kannst im Geiste jünger sein oder sogar wieder jünger werden. Bist du bereit, diese Herausforderung anzunehmen? Das ist gut, denn du hast kaum eine andere Wahl, denn neben deiner persönlichen Entwicklung wirst du täglich mit äußeren Veränderungen konfrontiert. Und auch diese Veränderungen kannst du mit einer ausgeprägten Beobachtungsgabe erkennen und verstehen. Nachdem ich meine eigene Entwicklung zum Teil ergründen konnte und damit ein wichtiges Verständnis für meine eigene Entwicklung gewonnen hatte - was mir übrigens auch viel innere Ruhe gab - begann ich, meine nächste Umgebung zu beobachten und deren Entwicklung zu analysieren. Ich fragte mich zum Beispiel, warum mein bester Freund mit 28 Jahren von der Stadt aufs Land gezogen war, gerade als ich anfing, mein Weltbild zu öffnen und die Welt mit all ihren Großstädten als mein Zuhause zu betrachten. Ich merkte, dass diese Veränderung mit unserem direkten Umfeld zu tun hatte: Mein Freund war nach seiner Ausbildung in einem konservativen deutschen Großunternehmen mit entsprechenden Kollegen angestellt. Das hat seine

Bedürfnisse, sein Umfeld geprägt. Er ist immer noch der gleiche liebenswerte Mensch, den ich seit unserer gemeinsamen Schulzeit einen guten Freund nennen darf, nur mit anderen Lebensschwerpunkten. Denn zur gleichen Zeit habe ich mich mit Unternehmern und Künstlern umgeben, ein Umfeld, das mich geprägt hat, das mich aus meiner kleinen Heimatstadt herausgeholt und mir die Welt gezeigt hat. Wir sind also beide unterschiedlich von unserer Gesellschaft domestiziert worden. Das hat unsere Charaktere nicht weiter auseinandergebracht oder verändert, aber es hat unser Urteilsvermögen und unsere Entscheidungen geprägt und uns beide zu unterschiedlichen Lebensentscheidungen geführt. Trotzdem sind wir immer noch gute Freunde und, wie ich glaube, ein starkes Team, aber unsere Leben sehen im Detail anders aus. Als ich das beobachtete, verstand ich, warum sich mein Freund veränderte, und ich bekam ein Gefühl dafür, warum bestimmte Gruppen von Menschen so ticken, wie sie ticken. Beobachte deine Freunde, deine Familie und versuche, die Geschichten zu verstehen. Du wirst viel darüber erfahren, warum sich Menschen und ihre Denkstrukturen verändern. Diese Beobachtung deines Umfeldes ist vor allem deshalb wichtig, weil sie dir Aufschluss darüber gibt, welche Impulse von außen auf dich zukommen. Das ist für dich von großer Bedeutung, um deine eigene Entwicklung gestalten zu können. Denn du lebst nicht auf einer einsamen Insel, auf der du völlig autark tun und lassen kannst, was du willst. Dein Handeln und Denken steht in direktem Zusammenhang mit deiner Umwelt, korrespondiert mit ihr, es entsteht eine Wechselwirkung gegenseitiger Beeinflussung. Um also deine eigene Zukunft im Einklang mit deiner Umgebung zu gestalten, musst du deine direkte Umgebung beobachten. Nicht nur, um deine Beobachtungsgabe zu schärfen und dein Verständnis zu vertiefen, sondern auch, um ein synergetischer Teil unserer Gesellschaft zu bleiben. Dies hat wiederum zur Folge, dass man sein eigenes direktes Umfeld untersuchen und in einen gesamtgesellschaftlichen Kontext stellen muss. Dies wäre dann auch die dritte Aufgabe als Beobachter, die ich dir mit auf den Weg geben möchte. Beobachte nicht nur dich selbst und dein direktes Umfeld, sondern versuche auch hier und da einen globalen Blick auf die Dinge zu werfen.

Aber wie soll das gehen? Wie kann man ohne Fachliteratur über Gesellschaftslogik verstehen, welche Entwicklungen unsere Gesellschaft in Zukunft prägen werden? Das ist eine gute Frage, die ich mir selbst erst einmal stellen musste. Dabei bin ich zu folgender Struktur gekommen, die dir helfen soll, die Entwicklung des Zeitgeistes zu verstehen, damit du deinen Change-Prozess in die richtige Richtung steuerst.

## I. Beobachte und hinterfrage die täglichen Nachrichten.

Ich weiß, dass Tageszeitungen im Format eines beeindruckenden Bergpanoramas nicht für jeden leicht verdaulich sind. Für Reisende sind sie nicht sehr attraktiv und nicht sehr handlich. Ich sehe immer seltener, aber immer wieder Geschäftsleute im Airbus A320 von irgendwoher nach irgendwohin mit einer riesigen Süddeutschen Zeitung und dem kläglichen Versuch, sie auf dem halben Quadratmeter Sitzplatz zu lesen, ohne die genervten Gesichter links und rechts von ihnen vollends zu ruinieren. Wer einen vollen Terminkalender hat, dem fehlt oft die Zeit, sich durch die zum Teil langen und umfangreichen Artikel zu kämpfen. Es ist sehr schön und auch ehrenwert, dass es noch viele Journalisten gibt, die sich die Zeit nehmen, ein Thema ganzheitlich, fair und vor allem vollständig zu beleuchten und auch genügend Raum für Erklärungen zu geben, damit keine falschen Schlüsse über die Sachlage und auch über die Position des Journalisten selbst gezogen werden. Im Alltag ist es jedoch oft eine Herausforderung, sich täglich auf dem Laufenden zu halten und wirklich alle Facetten des gesell- schaftlichen, sozialen, wirtschaftlichen, politischen und kulturellen Lebens zu erfassen. Hinzu kommt der manchmal etwas antiquierte Sprachduktus, der es vor allem jüngeren Generationen nicht leicht macht, wichtigen Beiträgen schnell und umfassend zu folgen. Dabei darf natürlich nicht übersehen werden, dass die etablierten und seriö- sen Tageszeitungen über sehr sorgfältig und intensiv arbeitende Redaktionen verfügen. Die Qualität dieser Inhalte wird daher in der Regel besser sein als die Nachrichten vieler digitaler Redaktionen, die sich auf kurze und prägnante Schlagworte und Überschriften fokussiert haben, damit man sie zwischendurch im Arbeits- und Lebensalltag schnell und gut erfassen kann. Oder ist das Qualitätsverhältnis umgekehrt? Sind die modernen Redaktionen von Online-Magazinen und -Plattformen nicht vielleicht aktueller und besser informiert, weil sie schneller und effizienter an die neuesten Inhalte kommen? Ist unsere Welt überhaupt nicht viel zu schnell und hektisch für die Redaktionen analoger Nachrichtenformate? Glücklicherweise sind heute viele digitale Teams oft an große Verlage angegliedert, die wiederum auch die Printformate bedienen. Dadurch bilden sie sicherlich eine gute Einheit und nutzen auch ähnliche oder sogar die gleichen Informationsquellen.

Die verschiedenen Nachrichtendienste und Formate haben auf jeden Fall ihre Vor- und Nachteile. Sie helfen uns, aktuelle Entwicklungen zu erkennen, zukünftige Veränderungen kommen zu sehen und dem Zeitgeist zu folgen. Und genau das wollen wir gemeinsam auf dieser Reise erreichen. Wir wollen die Zukunft zumindest ansatzweise antizipieren können, um uns mit unserer Meinung und auch mit unserem Handeln in der Zukunft zu positionieren. Und dazu brauchen wir entsprechende Informationsquellen und Medien, die uns mit den richtigen Informationen versorgen, die uns in unserer Meinungsbildung und in unserem Gestaltungswillen unterstützen und die uns objektive Standpunkte bieten, an denen wir uns orientieren können. Ich halte es für wichtig, dass du Formate wählst, die zu deinem Stil passen und die sich leicht in deinen Alltag integrieren lassen. Denn in erster Linie sollte man sich auf die eigene Entwicklungsreise und das Gestaltungselement konzentrieren. Es ist aber sehr wichtig, dass man umfassend informiert ist. Deshalb habe ich mir folgendes Modell zurechtgelegt, mit dem ich immer gut informiert bin.

Ich habe meine ausgewählten Online-Nachrichtenportale, die ich täglich nach dem Aufstehen überfliege. Oft lese ich nur die Überschriften oder die kurze Zusammenfassung am Anfang des Artikels. Das mache ich beim Zähneputzen, während der Kaffee läuft oder während ich auf den Zug warte. Ich habe alle für mich relevanten Newsfeeds als Lesezeichen auf meinen Geräten und verbringe ca. 4-5 Minuten auf den drei für mich wichtigsten Portalen. Dabei ist mir Redundanz sehr wichtig, damit ich keine Fehlinformationen bekomme. Ich habe mir drei Portale ausgesucht, die von verschiedenen Nachrichtenagenturen gespeist werden und auch von der Position zu den Kernthemen etwas unterschiedlich sind. Das reicht mir, um für das Tagesgeschehen gerüstet zu sein und den Anschluss an das Weltgeschehen nicht zu verlieren. Es reicht mir aber bei weitem nicht, um die Zukunft zu verstehen und Entwicklungen und Veränderungen zu erkennen. Das tue ich mit der zweiten Informationswelle - meiner Tour durch die Leitartikel und vor allem die langen Artikel der traditionellen Reaktionen, die oft noch aus der Schule der Printmedien stammen. Im Laufe einer Woche sammle ich in der Regel die Themen, die mich interessieren, in den „schnellen und schmutzigen" Nachrichtenportalen, wie ich sie nenne. Das kann daran liegen, dass mich das Thema persönlich sehr berührt, dass ich merke, wie wenig ich über das Thema weiß und mein Entdeckergeist herausgefordert wird, oder dass ich das dringende Gefühl habe, darüber informiert werden zu müssen. Diese Themen sammle ich, wie gesagt, über einen Zeitraum von ca. einer Woche, da ich unter der Woche in der Regel keine Zeit habe, mich intensiv und gezielt mit dem Thema zu beschäftigen. Wenn ich dann ein paar Stunden

Ruhe habe, z.B. am Samstagvormittag, dann nehme ich mir bei einer Tasse Kaffee die Zeit, die 4-5 Themenbereiche näher zu beleuchten und dabei auch Artikel zu lesen, die einen Standpunkt zu dem Thema haben, an dem ich mich orientieren oder herausfordern kann. Wenn mich ein Thema sehr interessiert, dann gehe ich im dritten Schritt noch einen Schritt weiter und besorge mir entsprechende Literatur oder schaue mir Dokumentationen im Internet dazu an. Dokumentationen inspirieren mich meist sehr und sind eine hervorragende Ergänzung zu Büchern, die meist noch mehr ins Detail gehen, weil sie sich mehr Zeit nehmen können. Und mit diesem Dreiklang bin ich in den letzten Jahren sehr gut gefahren. Ich musste mir nur eine kluge Strategie einfallen lassen, um auf dem Laufenden zu bleiben, was in einer normalen Arbeitswoche schon eine Herausforderung ist. Aber Information ist heute einfach mit Gold nicht mehr aufzuwiegen. Wirtschaftlich und gesellschaftlich bringt eine gute tägliche Information so viel Positives. Für die persönliche Entwicklung ist sie unerlässlich, um am Puls der Zeit zu bleiben. Und vor allem für den eigenen Wandel ist das selbstverständlich, denn nach dem Erkennen wollen wir die Zukunft auch verstehen und deuten können, um für Veränderungen, Trends und Impulse gewappnet zu sein. Und das geht nur über Informationen. Dabei gibt es allerdings eine große Gefahr, die es täglich zu bekämpfen gilt - nämlich den kontinuierlichen Informationsfluss einmal abreißen zu lassen. Klar, in einer Urlaubs- oder Regenerationsphase kann und soll man auch mal ein paar Tage oder Wochen komplett abschalten, aber das sollten immer gezielt gesetzte Phasen sein. Denn das Interessante ist, wenn man den Fluss einmal abreißen lässt, gerät man immer mehr unter Druck, irgendwann führt das zu einer inneren Abwehr und Angst, die man dann nicht mehr kontrollieren oder beherrschen kann. Und genau das wollen wir hier vermeiden, Angst vor Informationen und damit vor der Zukunft zu haben. Bleibe also am Ball, gehe ruhig und ent- spannt an die Sache heran, setze dich nicht unter Druck, sondern bleibe geradlinig und vor allem integriere die Information in deine tägliche Arbeit. Denn du weißt ja: Wissen ist Macht - die Macht zu gestalten. Lese die Nachrichten über den Tellerrand hinaus und informiere dich ständig über die neuesten Entwicklungen in Politik, Wirtschaft, Gesellschaft & Kultur. Dieser Überblick hilft dir, ein Gespür für die Situation zu bekommen - denn je besser du informiert bist, desto schneller kannst du auf Entwicklungen reagieren, und desto weniger Angst musst du haben.

Es ist wichtig, sich nicht von den Nachrichten beeinflussen zu lassen. Die Inhalte kritisch hinterfragen und in den Kontext des eigenen Wissens und Weltverständnisses stellen. Das ist wichtig, denn gerade in der heutigen schnelllebigen Zeit besteht die Gefahr der schneeballartigen Verbreitung von Falschmeldungen. Sich über Entwicklungen zu informieren, soll uns helfen, die Dinge im richtigen Licht zu sehen. Denn ob du willst oder nicht, jede Nachricht und jede Information, die du aufnimmst, formt einen winzigen Teil deiner Identität und verändert dein Bild der Dinge. Und hier kommen wir zu einem grundlegenden Punkt. Weil du Nachrichten nutzen kannst, um deine Meinung zu festigen und zu validieren, können Nachrichten auch aktiv genutzt werden, um deine Meinung von außen zu beeinflussen und zu lenken. Und das hat immer

Auswirkungen auf persönlichen Entscheidungen in deinem Leben, was wiederum deine Zukunft beeinflusst. Und so verändert jede Information, die du aufnimmst, auch deine Mission, wenn auch nur in einem sehr kleinen Ausmaß. Aber wie sich kleine Ereignisse zu kolossalen Entwicklungen aufschaukeln können, zeigt uns unser Universum in vielerlei Hinsicht eindrucksvoll. Versuche also, die aufgenommenen Inhalte, die für deine Zukunft prägend und extrem wichtig sind, mit dem nötigen Abstand zu betrachten, um deine Souveränität zu bewahren und damit auch sicherzustellen, dass du deine Ziele auch wirklich erreichst.

## II. Beobachte Entwicklungen in deinem Arbeitsumfeld.

Die Analyse des Weltgeschehens ist wichtig, aber diese Nachrichten haben nur einen bedingten Einfluss auf die Entwicklung deines Lebens, auf deine Zukunft. Was jedoch einen größeren Einfluss auf deinen Werdegang hat, ist zweifellos dein Arbeitsumfeld. Die meisten Menschen verbringen mindestens die Hälfte ihres Lebens bei der Arbeit. Schlimm genug, findest du nicht? Hast du schon einmal über die Balance zwischen Arbeits- und Lebenszeit nachgedacht? Auch ein wichtiger Aspekt bei der Entwicklung einer persönlichen Zukunftsvision. Ich selbst bin in der glücklichen Lage, Energie aus meiner Arbeit zu schöpfen, weil ich sie mit Leidenschaft ausübe, aber ich beobachte, dass es oft anders ist. Die Frage, ob du Freude an deiner Arbeit hast, solltest du dir immer wieder stellen, denn sie ist ein wichtiger Teil deiner Zukunft.

In jedem Fall ist es auch in diesem Arbeitsumfeld sehr wichtig, zu beobachten und mit den Kollegen, mit denen man häufig zu tun hat, in engem Kontakt zu bleiben. Entwickle die Fähigkeit, aktiv zuzuhören und zu erkennen, was zwischen den Zeilen Ihrer Kollegen steht. Denn dein Umfeld erzählt dir mehr, als du auf den ersten Blick erkennst. Wenn du diese beiden Aspekte beherzigst, werden dir die neu gewonnenen Erkenntnisse dabei helfen, zukünftige Veränderungen frühzeitig zu erkennen und zu verstehen. Denn jeder Mensch hat seine eigene Sicht der Dinge. Anders als in einer Nachrichtenredaktion ordnet jeder eine Nachricht in seinen Kontext ein. Daraus wiederum liest du ab, wie dein

Umfeld auf Nachrichten und Entwicklungen reagiert. Und das wiederum hat wesentlichen Einfluss darauf, ob aus einem Trend ein Megatrend wird, wie stark sich bestimmte Entwicklungen in unserer Gesellschaft durchsetzen. Diese vielfältigen Varianten eines bestimmten Themas ermöglichen dir einen Blick über den Tellerrand, einen differenzierten Blick aus der Vogelperspektive und hilft dir, die richtige Meinung zu einem Trend für die positive Entwicklung deiner Ziele zu finden. Aufmerksame Gespräche zu bestimmten Themen und die Geduld, die Meinung des anderen zuzulassen und ihr Raum zu geben, schärfen den Blick für viele Themen. Auch das wird dir die Angst vor dem Unbekannten nehmen und Sicherheit für zukünftige Entscheidungen geben. In diesem Zusammenhang möchte ich noch auf eine ganz entscheidende Fähigkeit eingehen, nämlich das aktive Zuhören. An Gesprächen teilzunehmen, sie mitzugestalten und lebendig zu halten, erfordert immer ein Wechselspiel zwischen Sender und Empfänger. In der Regel wechseln sich diese Positionen in einem Gespräch ab, so dass ein echtes Gespräch entsteht. Um gut informiert zu sein und möglichst viele Sichtweisen zu erfahren, was wiederum die Fähigkeit erhöht, Entwicklungen in einer Gesellschaft zu erkennen, ist das Zuhören sicherlich die entscheidende Position und auch eine Fähigkeit. Es besteht jedoch ein großer Unterschied zwischen dem passiven Zuhören, z.B. bei einer Lesung oder beim Betrachten eines Dokumentarfilms, und dem aktiven Zuhören in einem lebendigen Gespräch. Aktives Zuhören, wie es auch in jedem Verkaufstraining trainiert wird, zeichnet sich durch eine intelligente Fragetechnik und die Fähigkeit zur Zusammenfassung aus. Beides ist wichtig, um ein Gespräch unaufdringlich zu führen, um zu den für dich relevanten Sicht- und Denkweisen deines Gesprächspartners zu gelangen, ohne dass das Gespräch in eine Richtung abdriftet, in die du es nicht führen willst. Das klingt an dieser Stelle zugegebenermaßen sehr technisch, ist aber im Alltag eigentlich ganz einfach und auch bei weitem nicht so schwierig, wie es jetzt vielleicht erscheinen mag. Denn natürlich entwickelt sich ein Gespräch immer organisch und ist ein Austausch von Informationen, Gedanken und Ideen von beiden Seiten, wird also auch gegenseitig beeinflusst. Aber wir können das schon bewusst steuern und unseren Einfluss erhöhen. Ziel ist es, dass unser Gesprächspartner uns viel über seine Sichtweise, seine Denkmuster, seine Position in der Sache und sein Hintergrundwissen mitteilt, damit wir diese Informationen wiederum in unser Gedächtnis einfließen lassen können, aus dem sich unser Bewusstsein, vor allem aber unser Unterbewusstsein speist und aus dem sich Entscheidungen unsererseits ergeben. Auch damit haben wir dazu beigetragen, dass wir einerseits entscheidungsfähig sind, und andererseits intuitiv die richtigen, vielen kleinen Entscheidungen im Alltag treffen können, die unsere Zukunft positiv gestalten. Doch wie führen wir als aktive Zuhörer ein zielführendes Gespräch? Da ist zunächst die Fragetechnik. Es gibt offene Fragen, geschlossene Fragen und rhetorische Fragen. Für uns sind in diesem Zusammenhang die offenen Fragen am wichtigsten. Ich gebe dir einige Beispiele: „Was denkst du über die aktuelle politische Situation in Südafrika?". „Wen hättest du gewählt, wenn du beim Wettbewerb hättest abstimmen können?". „Wie siehst du die Zukunft der Mobilität in Europa?"

All diese Fragen regen den Gesprächspartner an, eine ausführliche Antwort zu geben und dabei tiefer zu gehen als bei der Frage „Glaubst du an den digitalen Wandel?", die mit einem einfachen Ja oder Nein zu einer gähnenden Belehrung führen kann und uns in unserem Wissensaufbau und -erwerb nicht weiterbringt. Mittlerweile liebe ich es, aufmerksam zuzuhören, nachzufragen und mein Gegenüber erzählen zu lassen. Zum einen finde ich es interessant, zu sehen, wie andere Menschen denken und fühlen, zum anderen wiederholen sich Gespräche dadurch nicht mehr so sehr, weil ich nicht ständig meine eigene Predigt von vorne halten möchte. Außerdem hilft es mir, den Menschen als Spezies besser zu verstehen. Ich kann mich mit der Zeit besser in andere Menschen hineinversetzen, ihre Sichtweise nachvollziehen, auch wenn ich nicht immer der gleichen Meinung bin. Und das macht mich nicht nur zu einem aufmerksameren und toleranteren Menschen, es hilft mir auch sehr, besser zu verstehen, was politisch und gesellschaftlich gerade alles passiert und was vielleicht in Zukunft passieren wird. Das heißt im Umkehrschluss nicht, dass ich alles respektiere oder akzeptiere, aber ich kann bestimmte Gedankengänge oder Schlussfolgerungen, die mir fremd sind, besser nachvollziehen. Und das ist sehr wichtig, um Zusammenhänge herstellen zu können. Das aktive Zuhören endet damit, dass du die Ausführungen deines Gesprächspartners kurz zusammenfasst. So festigst du nicht nur die neu gewonnenen Informationen von deinem Gesprächspartner im eigenen Kopf, sondern vermeidest auch Missverständnisse und Fehlinterpretationen. Je weniger Reibungsverluste im Detail auftreten, desto besser kannst du Vorhersagen treffen, oder zumindest Tendenzen erahnen. Gleichzeitig gibt es deinem Gesprächspartner das Gefühl, dass du wirklich aufmerksam zugehört hast, was dich zu einem attraktiven und zuvorkommenden Gesprächspartner macht. Und so hilft uns aktives Zuhören, die vielen freiwilligen und kostenlosen Informationsquellen anzuzapfen, um daraus einen Wissensvorsprung zu generieren. Nutze alle Ressourcen, die dir zur Verfügung stehen.

## III. Lese Branchennews.

Es gibt Themen, die dich persönlich interessieren, die dir Spaß machen oder die durch dein berufliches und privates Umfeld einen direkten Einfluss auf deine Zukunft haben. Im Gegensatz zu den Techniken und Informationsquellen im vorherigen Abschnitt, wo es um alle Informationen und dein gesamtes Umfeld ging, beschränken wir uns hier wirklich nur auf branchenrelevante Hintergrundinformationen. Diese zu kennen ist für dich sehr wichtig, denn du willst dich ja auch in irgendeiner Form in deinem Unternehmen positionieren und Stellung beziehen, und das idealerweise auf der Basis von Entscheidungen, die du fundiert getroffen hast. Das wiederum kannst du nur, wenn du deine Branche gut kennst, auch außerhalb deines Jobprofils. Ich erlebe es in meinen Trainings und Coachings weltweit immer wieder und bin schockiert, wie wenig meine Teilnehmer, erfahrene Experten auf ihrem Gebiet, wirklich über ihre Branche wissen. Es fehlt nicht nur an grundlegenden Informationen über die aktuelle Situation (wo kommt das Produkt her, unter welchen Bedingungen wird es wie produziert und was sind die Konsequenzen), sondern auch die Fähigkeit, Trends zu antizipieren, leidet sehr stark unter dem Mangel an grundlegenden Kenntnissen über die Branche. Ich frage zum Beispiel meine Teilnehmer aus der Automobilindustrie, wie sie die Zukunft des Automobils sehen. Da fallen viele bekannte Schlagworte - Elektromobilität, autonomes Fahren, Car-Sharing. Aber wenn ich meine Teilnehmer dann mit der möglichen Vorstellung konfrontiere, dass es in 20 Jahren kein Auto mehr gibt und wir den Personenverkehr in die Luft oder unter die Erde verlagern, dann werde ich mit großen Augen skeptisch angeschaut. „Jetzt hat er wieder ein Hirngespinst, der junge Spinner", denkt dann sicher mancher. Wenn ich dann aber meine These mit Beispielen wie dem Hyperloop, dem Volocopter, ambitionierten Ideen von Städten wie Dubai oder Los Angeles untermauere, dann wird es meist ganz still im Raum. Und das wundert mich dann immer sehr, denn diese Forschungen und Entwicklungen werden doch in den einschlägigen Magazinen und Onlineformaten sehr heiß und lebhaft diskutiert. Und dann frage ich mich, welche Informationsquellen meine Schulungsteilnehmer nutzen, wenn diese grundlegenden Entwicklungen, wenn auch nur im Prototypen- oder gar Visionsstadium, noch nicht einmal bekannt sind. Ich denke, Du stimmst mir an dieser Stelle sicher zu, wie entscheidend dieses Wissen sein kann und wie wichtig es ist, sich ganzheitlich und global mit dem eigenen Geschäftsfeld auseinanderzusetzen, denn wie eingangs erwähnt, können kleine Veränderungen sehr schnell einen sehr drastischen Einfluss auf den Berufsalltag und damit auch auf dein Privatleben haben. Wir sind ja bereits zu dem Schluss gekommen, dass wir an dieser Stelle lieber Steuermann als Passagier sein wollen, um im Rahmen unserer Möglichkeiten Einfluss nehmen zu können, damit die kommenden Veränderungen für uns von Vorteil sind oder zumindest besser zu uns passen, als würden wir sie einfach geschehen lassen. Aber woher bekommen wir diese Informationen? Für mich sind es Blogs, Videokolumnen, Dokumentationen, Podcasts. Hier findet man Neuigkeiten und Visionen zu seinen beruflichen Themen. All diese Formate sind mobil abrufbar und oft sogar so konzipiert, dass sie unterwegs, im Auto, im Zug, am

Bahnhof oder Flughafen zwischendurch konsumiert werden können.

## IV. Diskutiere über Politik und Wirtschaft mit deinen Freunden.

Nun mag es ja sein, dass du nicht zu den absoluten Experten in Sachen Wirtschaft und Politik gehörst. Ich muss ganz offen gestehen, dass ich auch nicht zu den Experten gehöre, ganz im Gegenteil. Ich interessiere mich sehr für Politik, aber ich habe nicht die Zeit und auch nicht die Muße, mich intensiv damit zu beschäftigen. Außerdem nimmt mir das Thema oft die Freude am Leben, sodass ich Politik & Wirtschaft nur in wohldosierten Mengen zu mir nehmen kann. Je tiefer ich in diese Themen einsteige, desto mehr Fragen stellen sich mir, die mir oft ein mulmiges Gefühl bereiten. Aber genau da sind wir am entscheidenden Punkt. Frage dich, wie du dazu stehst und wie du dich dabei fühlst? Es kann durchaus Angst machen, wenn man die großen Zusammenhänge nicht versteht. Ich bin übrigens davon überzeugt, dass der durchschnittliche Bürger sich gar kein richtiges Bild davon machen kann, wie Wirtschaft und Politik in einer globalen

Dimension überhaupt funktioniert. Wir sehen nur das Gerüst an der Oberfläche, aber wir können nicht wirklich verstehen, wie Politik auf der internationalen Bühne gemacht wird und warum unsere Politiker zu bestimmten Schlussfolgerungen kommen. Und ich maße mir nicht an, die Entscheidungsfähigkeit oder die Motive von Politikern in Frage zu stellen. Ich bilde mir eine Meinung darüber, wie ich zu diesen Entscheidungen stehe, aber ich urteile nicht darüber, wie diese Entscheidungen zustande gekommen sind, weil ich das einfach nicht beurteilen kann. Was wir aber auf jeden Fall tun können, ja tun sollten, weil es unsere staatsbürgerliche Pflicht ist, ist zu versuchen, die großen Zusammenhänge und Fakten zu verstehen. Bei einem klassischen Artikel aus einem der traditionellen Wirtschafts- und Politikmagazine trocknet mir nach 10 Minuten das Gehirn aus. Diese Inhalte regen mich nicht sonderlich an. Das ist eine gefährliche Situation, denn sie kann zu Desinteresse führen, was problematisch ist. Geht es dir genauso? Untersuchungen in meinem Umfeld haben das weitgehend bestätigt.

Was mich aber enorm berührt, bewegt und auch zur offenen Diskussion und damit zur Auseinandersetzung mit den genannten Themen anregt, ist der offene Austausch und die kontroverse Diskussion mit Freunden. Dabei ist keiner meiner engen Freunde ein wirklicher Experte. Aber wir alle haben bestimmte Themenschwerpunkte, die uns persönlich interessieren und berühren. Wir sind alle unterschiedlich erzogen worden und haben zum Teil sehr unterschiedliche Vorstellungen von gesellschaftlichen, politischen und wirtschaftlichen Idealen. Wir sind Eltern mit Kindern, Singles, Alleinerziehende, digitale Nomaden, häusliche Sicherheitstypen, Vielreisende, Punks & Spießer. Und das ist großartig, denn ich habe meine Freunde nicht über ihre politische Einstellung oder ihr Lebensmodell gefunden, sondern über ihre Werte und emotionalen Qualitäten - und nicht zuletzt über ihr Vertrauen und ihr Engagement. In diesen Kreisen kommt es oft zu hitzigen Diskussionen über Politik und Wirtschaft, weil uns von Zeit zu Zeit ein bestimmtes Thema so sehr beschäftigt, dass wir uns darüber austauschen müssen. Manchmal wird auch über einzelne Punkte einer Gesamtdiskussion gestritten. Ich glaube, das ist das Mindeste, was wir in einer gelebten Demokratie tun müssen, um die Balance zu halten. Jetzt sehe ich schon deine Frage vor meinem geistigen Auge: „Was zum Teufel hat das mit mir zu tun?".

Das ist ganz einfach. Mit jeder Diskussion über diese Themen, vor allem in einem geschützten, freundschaftlichen Umfeld, öffnest du dich deinen Freunden ein Stück weit. Du gibst einen Teil deiner Sicht der Dinge preis und gibst deinen Freunden damit die Chance, deine Sicht der Dinge von wohlmeinenden Menschen beurteilen zu lassen - ohne dass du in die Anonymität des Internets abtauchen musst oder dich bloßgestellt fühlst. Es gibt dir auch die Möglichkeit, die eigenen Paradigmen und Einstellungen kritisch zu hinterfragen, indem du sie an den kontroversen Meinungen misst und mit ihnen vergleichst. Das allein kann schon zu einer Korrektur der eigenen Sichtweise oder zu neuen Sichtweisen führen. In jedem Fall öffnet man ein Stück weit seine Scheuklappen und wird in seiner Meinungsbildung nicht allein gelassen, sondern noch einmal kritisch herausgefordert. Darüber hinaus lernst du die Positionen deiner Freunde kennen und hast die einmalige Chance, ein Themenfeld eventuell aus fremden Perspektiven zu erkunden. So können Aspekte ins Licht gerückt werden, die bisher im Dunkeln lagen. Auf jeden Fall gehst du ein Stück weit gebildeter aus der Diskussion hervor. Gleichzeitig sind deine Freunde auch Teil einer Gesellschaft, die sich ständig verändert. Wenn du also regelmäßig über diese Themen diskutierst, wirst du einen guten Querschnitt der Meinungen und Einstellungen zu bestimmten Themen wahrnehmen und Trends erkennen und einschätzen können.

Lass uns ein kleines Zwischenfazit ziehen, bevor wir uns mit dem Gestalten der Zukunft befassen. Was haben wir bisher für Erkenntnisse gesammelt? Wenn wir die Dinge wirklich realistisch betrachten wollen, damit wir dann auch realitätsnahe Entscheidungen treffen, die zum Erfolg führen, müssen wir Meinungen durch Fakten ersetzen, oder zumindest die neutrale Betrachtung der Fakten vor die Meinungsbildung setzen.

Wenn wir die Welt verstehen wollen, und unser Verständnis auf einem kontinuierlich hohen Niveau halten wollen, müssen wir Zusammenhänge von Fakten immer wieder neu herstellen und bewerten. Denn was heute gilt, kann morgen schon obsolet sein.

Um relevant zu bleiben, ist es von äußerster Wichtigkeit, unsere eigene Haltung zu jedem Zeitpunkt kritisch zu hinterfragen, bei Bedarf zu ändern, dann aber auch entschieden zu verteidigen. Die Veränderung hat keinen Selbstzweck, sondern ist eine nötige Antwort auf die Veränderung um uns herum.

So, ich denke, nun sind wir bereit für den letzten Schritt, also quasi die letzte Kurvenkombination vor der Zielgerade - das Gestalten.

# Gestalte

Du hast unsere gemeinsame Gedankenreise entlang der »Delta $X^2$ Methode« bis hierher sehr gut gemeistert. Jetzt nähern wir uns langsam der letzten Etappe dieser Reise. Hast du noch Energie? Ich hoffe es, denn jetzt wird es erst richtig interessant. Jede Mission hat einen bestimmten Zweck, soll etwas verändern und bewirken, hat ein Ziel. Auch die Mission ‚Change' hat ein Ziel. Nachdem wir uns im Laufe dieses Buches dem Thema Zeit genähert haben, unsere Wahrnehmung von Zeit, ihrer Entwicklung und vor allem der Zukunft geschärft haben, uns darin geübt haben, Zeitgeist und Trends zu erkennen und zu verstehen, werden wir nun die letzte logische Konsequenz einleiten - deine und unsere Zukunft zu gestalten. Denn jetzt wird es richtig spannend, jetzt fängt es an, Spaß zu machen. Wir alle haben das Potenzial, nicht nur Passagiere im Vehikel Zeit zu sein, sondern zum Steuermann zu werden und gemeinsam mit den Menschen um uns herum Gestalter zu werden. Dabei können wir unser eigenes Leben definieren, ihm Kontur geben und es den Gegebenheiten der Zeit anpassen. Wir können unsere Umwelt positiv beeinflussen. Und das Beste daran: Man verliert die Angst vor zukünftigen Entwicklungen, weil man von einer passiven in eine aktive Rolle wechselt. Das bedeutet nicht, dass man anderen seine Vorstellungen aufzwingen muss. Betrachte das Ganze als geordnetes Chaos. Wenn jeder geduldig seine Ziele verfolgt und auf die Bedürfnisse der anderen Rücksicht nimmt, kommt zusammen, was zusammen gehört.

Es gibt eine Sichtweise der Zukunft, die ich mit dir diskutieren möchte. Stell dir die Zukunft so vor: In der Vergangenheit ist die Anzahl der möglichen Zustände zu einem Zeitpunkt immer 1. Die Situation ist so eingetreten, wie sie eingetreten ist. Wir können die Zeit nicht zurückdrehen und damit auch nicht ändern - zumindest nicht nach heutigem Wissensstand. Schade eigentlich, denn ich denke, du würdest die eine oder andere Situation gerne noch einmal erleben und dich vielleicht anders verhalten, als du es getan hast. Keine Sorge, das musst du nicht, denn das Leben spielt sich in der Gegenwart und in der Zukunft ab. Ändere dein Verhalten in diesen Zeiträumen als Lerneffekt aus der Vergangenheit. Auch in der

Gegenwart ist die Anzahl der möglichen Zustände gleich eins, es gibt nicht mehrere Möglichkeiten des Jetzt. Blicken wir jedoch in die Zukunft, so ändert sich die Anzahl der möglichen Zustände von eins auf unendlich, denn in der Zukunft ist alles möglich. Wir sind mit unseren Gedanken Schöpfer und viele kluge Köpfe der Vergangenheit haben bewiesen, dass das scheinbar Unmögliche möglich ist. Und das eröffnet uns ungeahnte Möglichkeiten. Denn die Zukunft ist erst dann endgültig definiert, wenn sie eingetreten ist.

*Die Zukunft hat viele Namen.*
*für Schwache ist Sie das Unerreichbare,*
*für die Furchtsamen das Unbekannte,*
*für die Mutigen die Chance.*

Victor Hugo (1802 – 1885)

Natürlich willst du der Mutige sein, aber was unterscheidet den Mutigen vom Schwachen und Furchtsamen? Sind die Raser auf der Autobahn die Mutigen, während die langsamen Fahrer schwach und furchtsam sind? Aus Sicht der Raser sehr wahrscheinlich, aber was ist deine Sicht? Du musst dich nicht zwangsläufig der Schnelllebigkeit unserer Zeit anpassen. Du sollst dich von den Entwicklungen deiner Zeit nicht unter Druck setzen lassen. Du sollst deinen eigenen Weg gehen, dein eigenes Tempo wählen. Gerade eine offene Einstellung zu den Dingen, eine langfristige, zwanglose Planung deiner Zukunft macht dich entspannt. Ob du ein schnelles oder ein langsames Tempo wählst, ist deine Wahl. Wichtig ist, dass du bereit bist, im Zweifelsfall starre Prinzipien zu überdenken oder zu revidieren. Du entscheidest, welches Verhalten mutig ist. So vielfältig die Möglichkeiten für unsere Zukunft sind, so bunt wird die Zukunft sein. Aber wie können wir nun aktiv gestalten?

Unser Ziel ist es nicht, die eigenen Ideen und Gedanken als die einzig wahren zu manifestieren, da gibt es genug andere verbohrte Typen, die das gerne übernehmen. Nein, unser Ziel ist es, mit den eigenen Ideen, die immer auch das eigene Befinden widerspiegeln, eine Diskussion anzuregen bzw. in Gang zu setzen und damit im ersten Schritt zu kommunizieren. Denn dieser erste Schritt ist entscheidend dafür, dass Ideen und

Gedanken von unserer Umwelt überhaupt wahrgenommen werden können. Ich habe immer den Standpunkt vertreten, dass es nicht darauf ankommt, was wir denken oder was in unserem Kopf vorgeht. Das Einzige, woran wir gemessen werden können und was unseren Anteil an der Entwicklung unserer Umwelt ausmacht, sind die Taten, Worte und Handlungen, die wir nach außen tragen. Erst durch die Kommunikation wird ein Gedanke greifbar. Wenn Sender und Empfänger zusammenkommen, entsteht eine Wechselwirkung, beginnen die Gedanken des Empfängers zu arbeiten. Denn allein wird es schwer, die Zukunft zu gestalten. Zukunft gestalten heißt auch, die Menschen in seinem Umfeld zu positiven Gedanken und Impulsen zu stimulieren und deren Gedanken die Möglichkeit zu geben, an deinen Gedanken teilzuhaben. Denn alles, was wir sehen, hören, fühlen, alles, was wir wahrnehmen, verändert unsere Sichtweise und Bewertung der Dinge, und sei es auch nur im Kleinen. Oft merkt man es nicht sofort, aber alles beeinflusst unsere Meinung, unser Verhalten, unsere Persönlichkeit. Jeder Mensch hat also die Kraft, durch seine Worte und Taten, durch seine

Ideen und Gedanken die Persönlichkeit anderer Menschen zu bereichern und in kleinsten Dosen zu verändern. Nutze diese Kraft, um deiner Zukunftsvision die Aufmerksamkeit zu verschaffen, die sie verdient. Wie heißt es so schön: „Tue Gutes und rede darüber". Ich finde das sehr klug.

Der erste Schritt ist, die Dinge, die dich bewegen, in deinem Wirkungskreis auszusprechen. Du musst dir Gehör verschaffen. Das sollte im persönlichen Umfeld unter Freunden und Familie normalerweise kein Problem sein, zumindest habe ich das als Mitteleuropäer so erlebt und gelernt. Aber ja, ich weiß auch, dass es Regionen auf dieser Welt gibt, wo es schon eine große Herausforderung ist, in diesem engen Umfeld Dinge auszusprechen, die vielleicht nicht zu 100 Prozent Zustimmung führen. Aber gerade in diesen Fällen ist es aus meiner Sicht von größter Wichtigkeit, zumindest mit Worten deutlich zu machen, dass man bestimmte Regeln oder erlernte Abläufe kritisch sieht, dass man eine andere Meinung dazu hat. Denn nur mit starken Worten, langen und redundanten Wiederholungen der eigenen Meinung und natürlich einer guten Argumentation kann man etwas ändern, wofür andere verantwortlich sind oder an dem andere beteiligt sind. Denn man muss sie entweder von der eigenen Version überzeugen, einen Kompromiss finden oder sich über sie hinwegsetzen. Manchmal sind alle drei Varianten notwendig. Denke aber daran, dass du immer fair bleibst und deinem Gegenüber die Chance gibst, sich zu äußern und seinen Standpunkt zu erklären. Das erwartest du schließlich auch von ihm.

Auch im beruflichen Umfeld ist es sehr wichtig, seine Gedanken zu äußern, unabhängig von möglichen Widerständen. Denn ob, in welcher Form und Intensität diese auftreten, hat man nur bedingt selbst in der Hand. Ich habe es immer als Erfolgsmodell für mich erlebt, wenn ich neue Ideen oder Impulse, die für mein persönliches Wohlbefinden wichtig waren, in einer ruhigen Minute in einem ruhigen Ton vorgetragen habe. Ich bin ein impulsiver Mensch und kann sehr emotional werden. Wenn es aber darum geht, eine Herzensangelegenheit bei anderen Menschen zu platzieren, werde ich sehr ruhig, atme tief durch und versuche, meinen Worten die Ernsthaftigkeit zu verleihen, die sie verdienen.

Denn nur so kann man sich Gehör verschaffen, Aufmerksamkeit erzeugen und das Thema im Kopf des Gegenübers platzieren. Das ist keine leichte Aufgabe, denn in solchen Situationen ist man in der Regel emotional geladen, man ist mit ganzem Herzen bei der Sache - zumindest sollte man das sein, wenn man seine eigene Zukunft gestalten will. Es ist eine wunderbare Gabe, emotional auf bestimmte Themen zu reagieren und intensiv zu leben, aber wenn es darum geht, andere Menschen, die nicht schon im Vorfeld so emotional aufgeladen sind wie du, von Ideen zu überzeugen, darfst du nicht hyperventilieren und deine Zuhörer überfordern. Das passiert schnell, wenn man ein Thema zu enthusiastisch präsentiert. Ich habe das persönlich mehrfach erlebt, dass meine Zuhörer mir nicht mehr folgen konnten, weil sie einfach auf einer anderen Ebene abgeholt werden mussten. Ich war mit meiner Vision gedanklich schon viele Schritte weiter. Das musste ich erst verstehen und lernen.

Auf der Bühne habe ich gelernt, diese Emotionen und auch die körperlichen Symptome einer intensiven Lebendigkeit zu kontrollieren. Als ich 12 Jahre alt war, sollten wir bei unserer

Deutschlehrerin im Gymnasium ein Gedicht schreiben. Ich tat es mit großer Begeisterung und gab meine Hausaufgabe am nächsten Tag ab. Meine Lehrerin war von dem Gedicht so begeistert, dass sie meinen Musiklehrer (ich war damals schon sehr musikalisch) mit einbezog und ihm vorschlug, das Gedicht als Rap beim bunten Abend des Gymnasiums aufzuführen. Im nächsten Musikunterricht stellten wir ein kleines Ensemble zusammen, um den Rap gemeinsam aufzuführen. Im Laufe der Zeit schrumpfte das Ensemble aus Angst vor der Aufführung immer mehr zusammen, bis ich schließlich alleine vor ca. 600 Leuten rappen sollte, was ich noch nie gemacht hatte. Ich habe wie verrückt geübt, weil ich Angst hatte, den Text zu vergessen. Als es dann so weit war, konnte ich die Nacht davor kaum schlafen. Kurz vor dem Auftritt habe ich mich hinter der Bühne fast übergeben. Ich war so nervös, dass ich fast das Bewusstsein verlor. Mir läuft heute noch ein Schauer über den Rücken, wenn ich an diese endlosen Sekunden hinter dem Bühnenvorhang denke. Mein Auftritt gefiel. Ich bekam Standing Ovations und empfand ein unglaubliches Glücksgefühl, das ich noch heute

habe, wenn ich auf einer Bühne im Scheinwerfer-
licht stehe. Wenn ich mir die Aufnahmen von
diesem Auftritt noch einmal ansehe, bin ich schockiert, wie hektisch ich mich damals auf der
Bühne bewegt habe. Ich bin wie ein Punchingball
über die Bühne gehüpft. Und das Ganze war
nicht kontrolliert, sondern eine unbewusste
Kanalisierung der überschüssigen Energie, die ich
durch mein Lampenfieber entwickelt hatte. Für
das gutmütige Publikum wirkte das wahrscheinlich dynamisch und voller Tatendrang. Bedeutsam
wird diese Episode aber erst, wenn ich meine Entwicklung als Bühnenkünstler rückblickend analy-
siere.

In meinem Musikerleben zwischen dem Abitur
und meiner Tätigkeit als Business-Coach hat die
Routine meine Nerven beruhigt. Bei den Ansagen
musste ich aber schon damals lernen, mit ganz
unterschiedlichen Publikumstypen umzugehen
und auch eigensinnige oder kritische Zuhörer zu
gewinnen. Daran änderte auch der Schritt zum
Business-Coach nicht viel. Jetzt ging es aber
darum, die Auszubildenden von meinem Thema
zu überzeugen. Dabei habe ich gemerkt, dass ich
mein Publikum besser und intensiver erreiche,

wenn ich versuche, meine Bewegungen, mein Sprechtempo und meinen Satzbau zu kontrollieren und alles auf der Bühne bewusst zu machen. Ein interessanter Nebeneffekt war, dass ich auch die Erlebnisse auf der Bühne bewusst erlebte. Früher hatte ich manchmal gar keine Erinnerung mehr an das, was auf der Bühne passiert ist, weil ich einfach im Automatikmodus gelaufen bin. Das habe ich mit der Zeit in den Griff bekommen. An meiner Nervosität hat das natürlich nichts geändert. Aber jetzt kontrolliere ich die Energie in meinem Körper und nicht umgekehrt. Wie funktioniert das? Eine berechtigte Frage, denn Lampenfieber, die Aufregung vor einem Vortrag oder einer öffentlichen Rede, hat jeder schon einmal erlebt, wenn auch vielleicht nur bei einem runden Geburtstag im Verwandtenkreis. Diese Aufregung kann man nicht einfach abschalten. Mein Geheimrezept ist, mich ganz bewusst auf meine Atmung zu konzentrieren. Gerade wenn man nervös spricht, gerät die Atmung oft außer Kontrolle, weil auch das Herz schneller schlägt und damit eine schnellere Atmung verlangt. Und das hat natürlich einen enormen Einfluss auf die Art und Weise, wie wir sprechen, und damit auch auf die Worte, die wir verwenden, und deren Inhalt. Und hier greift man aktiv ein. Mit einer bewussten Atmung wird die Melodie der gesprochenen Worte besser, der Sprachfluss wird runder, die Worte werden intensiver. Versuche auch, deinen Körper in den Griff zu bekommen. Ich stelle meine Beine immer schulterbreit auf, lasse die Knie leicht gebeugt, damit der Körper nicht starr wird und beweglich bleibt. Die Arme lasse ich locker am Körper hängen und ziehe den Rücken gerade. Ich atme einmal tief durch, bevor ich auf die Bühne gehe oder mit meinem Vortrag beginne. Dadurch gebe ich meinem Körper Kraft, die sich wiederum auf meine Worte und mein Thema überträgt. Wenn du diese Tipps befolgst, gibst du deinen Themen die Chance, bei den Zuhörern anzukommen. Bei kritischen, kontroversen Gesprächen mit Konfliktpotenzial halte ich dies für eine absolute Erfolgsgrundlage, um beim Thema zu bleiben und nicht in emotionalen Wortgirlanden abzuschweifen. Aber auch in einer entspannten und produktiven Atmosphäre kann es helfen, sein Gegenüber zu erreichen und etwas zu bewegen. Darüber hinaus wirkt sich diese Selbstkontrolle auch positiv auf die eigenen Gedanken aus. Auch diese werden dadurch klarer, bekommen mehr Struktur und behalten ihre Bedeutung und eine gewisse Festigkeit. Diese Methoden gelten, wenn es darum geht, Ideen auszutauschen und bei anderen Menschen zu platzieren. Im kreativen Prozess habe ich das Gegenteil erlebt. Hier kann eine vollständige Kontrolle über den eigenen Körper und den Geist eher hinderlich sein. Hier muss es oft emotional und chaotisch zugehen, denn nur aus dem Chaos kann etwas Neues entstehen. Das ist das Ziel eines kreativen Prozesses und das geschieht selten aus einem kontrollierten Zustand heraus.

Wir gehen davon aus, dass wir die Fähigkeit haben, die Menschen zu öffnen, uns aktiv zuzuhören. Wir haben also ein Podium, um unsere Mission zu erklären und zu benennen. Die Basis für eine lebhafte Diskussion, denn unser Leben besteht aus der Interaktion mit anderen Menschen. Und da jeder Mensch in einer freiheitlichen Gesellschaft seine eigene Vision hat, muss der nächste Schritt auf dem Weg zur Gestaltung sein, die Bilder und Visionen, die sich autark im eigenen Kopf abspielen, mit denen der anderen abzugleichen. Denn in einer Gesellschaft kann logischerweise weder die eigene Vision vollkommene Realität werden, noch die der anderen. Natürlich kann das mit Ausbeutung und Unterdrückung eine Zeit lang funktionieren, aber ein freiheitliches und freies Konstrukt braucht den Diskurs und gemeinsame Lösungen. Um einen Kompromiss schließen zu können, müssen wir aber zunächst die Möglichkeit haben, die Gedanken des anderen zu hören und zu verstehen. Auch wenn wir von unseren Ideen überzeugt sind, müssen wir die Ideen des anderen zulassen und ihm die Möglichkeit geben, sie zu äußern. Also immer aktiv zuhören, aufmerksam sein und die Chance erkennen, die im Zuhören liegt. Denn nur wer sich ständig weiterbildet und aufmerksam ist, kann seine Zukunft auf einem soliden Fundament aufbauen. Als Kind sprach ich wie ein Wasserfall. Ich hatte einen enormen Mitteilungsdrang, der meine Eltern nach eigener Aussage manchmal an den Rand ihrer Geduld gebracht hat. Heute kann ich immer noch reden, bis der Arzt kommt, das ist schließlich mein Beruf und auch meine Berufung, aber ich habe in den letzten Jahren eine weitere Fähigkeit hinzugewonnen - Zuhören! Und ich habe das Gefühl, dass mich das sehr weitergebracht hat. Denn allein durch aufmerksames Zuhören und das Stellen der richtigen Fragen habe ich in meinem Umfeld einen enormen Wissensschatz aufgebaut. Und damit meine ich nicht nur Wissenschaft. Ich spreche auch von Meinungen, Einstellungen, bestimmten Verhaltensweisen, die ich plötzlich durch das gesprochene Wort in meinem Umfeld verstanden habe. Und das hat auch meine Persönlichkeit und deren Entwicklung positiv geprägt. Je mehr wir zuhören und beobachten, desto mehr Positives können wir für uns daraus ziehen.

Das heißt natürlich nicht, dass man alles akzeptieren muss, was gesagt wird, aber ein kontroverser Austausch ist belebend. Manchmal ist es von Vorteil und sehr wichtig, seinem Gegenüber die Möglichkeit zu geben, seine Gedanken zu artikulieren. Vor allem, wenn es um komplexe Themen geht oder viele Emotionen im Spiel sind, reicht ein Satz oft nicht aus. Dann ist es deine Aufgabe, deinem Gegenüber die Möglichkeit zu geben, seine Gedanken klar zu erläutern. Vor allem ist es wichtig, Schlussfolgerungen zuzulassen, und die kommen bekanntlich erst am

Ende einer Erzählung. Ich gebe dir ein Beispiel, das auf der wunderbaren und traurigen Geschichte von Galileo Galilei basiert. Wenn du glaubst, dass die Erde eine Scheibe ist, und ich sage dir, dass die Erde eine Kugel ist, dann werden wir sehr schnell zu einem Stierkampf übergehen, ohne unsere Meinungsbildung zu erklären und ohne unsere Schlussfolgerung zu illustrieren. Beide Seiten müssen einfach Recht haben und kämpfen so lange, bis eine Seite nachgibt oder nachgeben muss. Wenn ich dir aber erkläre, dass meine Beobachtung der Bewegung der Sterne auf mathematischer Basis nur eine Schlussfolgerung zulässt, dann öffne ich dir die Tür, meinen Gedankengängen zu folgen. Wenn du mir nicht die Zeit gibst, meine Gedanken zu formulieren, wirst du instinktiv zu dem Schluss kommen, dass du mit dem, was du gelernt hast, Recht haben musst. Sonst hättest du jahrelang an das Falsche geglaubt. Du siehst also, nur wenn du mir die Möglichkeit gibst, mich zu äußern, kannst du aus meinen Ausführungen etwas für dich mitnehmen, etwas lernen. Und umgekehrt ist es genauso. Nur wer dir die Möglichkeit gibt, dich umfassend zu äußern, kann von deinen Gedanken und Ideen profitieren.

Und da sind wir wieder beim Thema Kompromisse. Wir haben ja schon gemeinsam festgestellt, dass wir als Teilnehmer in einer Gesellschaft darauf angewiesen sind, Kompromisse mit unserer Umwelt eingehen zu müssen. Ich persönlich habe mich damit sehr lange sehr schwer getan. Ich war fest davon überzeugt, dass meine Visionen absolut richtig sind. Und in gewisser Weise stimmte das auch - solange sich diese Visionen in meinem Kopf abspielten, im Rahmen eines absoluten Idealbildes, ohne Kompromisse. Aber in dem Moment, in dem ich meine Visionen in die Tat umsetzen wollte, stieß ich mit meiner festen Überzeugung an Grenzen. Denn sobald es an die Umsetzung einer Idee geht, wird diese in irgendeiner Form Teil eines sozialen Systems und ist damit automatisch entweder von anderen Menschen abhängig oder muss sich den Gegebenheiten der Umwelt anpassen. Natürlich ist es auch sehr mühsam, ein Projekt komplett alleine zu realisieren. Oft ist es auch kontraproduktiv, da man alleine sehr schnell betriebsblind und damit auch unproduktiv wird. Ideen, Visionen und Gedanken mit anderen zu teilen und gemeinsam umzusetzen, macht diese daher zu einem gewinnbringenden Teil deines Lebens und des Lebens anderer. Und hier kommt der Kompromiss ins Spiel. Denn die Menschen mit denen du nun zusammenarbeiten möchtest, haben sich - hoffentlich - eigene Ziele für ihre Zukunft gesetzt. Ihr kommt nun also zusammen, um eure Ideen gemeinsam zu befruchten und als Team umzusetzen, sei es als Lebenspartner, als Geschäftspartner, als Familienmitglieder oder als Arbeitskollegen. Ihr befruchtet euch gegenseitig und profitiert von den Ideen des jeweils anderen. Dabei setzt ihr euch kritisch mit den Worten eures Gegenübers auseinander und lasst sie auf euch- wirken. Nun wird deine Vision im Detail anders aussehen als die deines Partners. Und das ist auch gut so, denn es wäre langweilig, wenn wir alle die gleichen Ideen hätten. Und jetzt sind wir an dem Punkt, an dem wir unsere Gedanken modifizieren müssen. Wir gleichen sie mit denen unseres Gegenübers ab, nehmen Impulse auf und lassen uns inspirieren. Auf diese Weise wird sich dein Gedankengebäude langsam von selbst verändern. Und das Beste ist: Deine Vision wird durch diese

Veränderung nicht schlechter. Oft ist sogar das Gegenteil der Fall. Aber auf jeden Fall wird sie sich verändern. Wenn du diese Veränderungen zulässt, dich nicht zu sehr auf deine Vorstellungen versteifst und Kompromisse mit deinem Umfeld eingehst, dann entsteht etwas Großartiges: Sowohl du als auch dein Umfeld erreichen das Ziel, das du dir gesetzt hast. Sicherlich wird es anders aussehen, als du es dir vorher vorgestellt hast, aber die Kernziele hast du trotzdem erreicht. Ich habe die Erfahrung gemacht, dass Kompromisse im Rahmen des Vertretbaren meine Vision verändert haben, ich aber im Kern das erreicht habe, was ich erreichen wollte. Und ein toller Nebeneffekt war, dass ich meine Ziele nicht alleine erreichen musste. Ich habe auf dem Weg dorthin mit anderen Menschen zusammengearbeitet, die auf dem gleichen Weg, mit den entsprechenden Modifikationen, ihre eigenen, individuellen Ziele erreicht haben. Und das hat mich immer sehr glücklich gemacht. Gemeinsam sind wir einen Schritt weiter gekommen, als wir es alleine geschafft hätten.

# Flexibilität

Als ich 20 Jahre alt war, hatte ich eine sehr klare Vorstellung von meiner Zukunft. Ich sah ein Einfamilienhaus in der Sonne, modern gebaut. Darin lebten meine Familie, ein kreativer Ehepartner und unsere zwei Kinder. Wir bewohnten die obere Etage des Hauses mit einem großen Garten. Im Erdgeschoss befanden sich unsere Geschäftsräume. Eine Marketing- und Managementfirma sowie Tonstudios und Proberäume. Etwa 10 Mitarbeiter arbeiteten in lockerer Atmosphäre in unserem Garten, auf Liegestühlen, auf Bänken vor dem Haus. Wenn ich Zeit hatte, kochte ich für meine Mitarbeiter. Vor dem Haus standen zwei deutsche Luxusautos - ein Kombi und ein Sportwagen. Das war mein festes Bild von der Zukunft. Von Jahr zu Jahr ändert sich dieses Bild, je nachdem, was ich erlebe und womit ich mich beschäftige. Aus dem Sportwagen wurde eine Carsharing-Mitgliedschaft. Aus dem Haus ist ein Loft in der Großstadt geworden. Zu den zwei Kindern hat sich ein Hund gesellt. Aus 10 Mitarbeitern wurden 2, der Rest arbeitet im Home Office. Als ich sah, wie sich meine Vision verändert hatte, war ich ein wenig erschrocken, denn ich war fest davon überzeugt, dass es eines Tages so sein würde. Also fragte ich mich, was eigentlich hinter diesem sehr naiven Bild meiner Zukunft steckt. Ich kam zu dem Schluss, dass dieses Bild nur ein Symbol für bestimmte Bedürfnisse war, die tief in meiner DNA verankert sind. Das freistehende Haus stand für Freiheit und Weite, was mir immer sehr wichtig war. Das Familienbild mit den beiden Kindern und dem Hund stand für die Sicherheit, die ich brauche, weil ich sie als Einzelunternehmer nicht habe. Die Mitarbeiter im Garten waren ein Symbol dafür, dass ich Dinge gerne anders mache, als wir es gewohnt sind. Nicht, weil ich die Dinge einfach anders machen möchte, sondern weil ich oft das Gefühl habe, dass wir bestimmte Dinge einfach auf eine bestimmte Art und Weise lernen und dann immer so machen, ohne zu hinterfragen, ob es nicht schönere oder sinnvollere Alternativen gäbe. Durch diese Erkenntnis habe ich die Angst verloren, meine Prinzipien auf den Kopf zu stellen. Denn ja, vielleicht sitze ich eines Tages in Irland auf einem Bauernhof und kümmere mich um Schafe und vielleicht erreiche ich genau das, was ich immer erreichen wollte. Und vielleicht bin ich todunglücklich, wenn ich in 20 Jahren in dem blöden Haus sitze, mit den blöden Kindern und dem unerträglichen Hund, während ich meine Mitarbeiter zum Teufel wünsche. Ein Wandel kann manchmal zu unvorhersehbaren Kreuzungen führen, an denen das Bauchgefühl einem sagt, man solle den Feldweg nehmen, anstatt auf der Autobahn zu bleiben. Nimm den Feldweg, dein Unterbewusstsein weiß schon, warum. Irgendein Impuls von außen wird dich vorher in die richtige Richtung gelenkt haben.

Es ist wichtig, die Scheuklappen offen zu halten, den Blick nach links und rechts nicht zu verlieren und wachsam zu bleiben. Lass dich überzeugen und überzeuge dein Umfeld. Das gilt übrigens für unser Privatleben ebenso wie für unser berufliches Umfeld und unsere Gesellschaft insgesamt. Denn auch im gesellschaftlichen Rahmen sind Diskussion und Austausch so wichtig, ja unumgänglich. Nicht umsonst haben gesunde Demokratien große Plenarsäle, in denen die Parteien diskutieren und manchmal heftig streiten. Unser ganzes Rechtssystem beruht auf der Idee des Streits, nicht umsonst sprechen wir im Recht vom ‚Streitwert'. Unsere Parlamente tauschen tagtäglich von morgens bis abends Ideen, Überzeugungen und kontroverse Visionen aus, und der daraus resultierende Kompromiss ist die Grundlage dafür, dass wir uns alle in der westlichen Welt weitgehend frei bewegen, unsere Persönlichkeit ausleben können und nicht an sehr strenge Regeln gebunden sind, die uns persönlich einschränken. Unsere Gesellschaft gibt uns also von vornherein die Möglichkeit, unsere Zukunft selbst zu gestalten. Indem unsere politischen Vertreter diese Ideen selbst leben, aber eben als Vertreter von Parteien und gesellschaftlichen Gruppen und nicht als sie selbst. Streiten ist also ein enorm wichtiges Privileg, das wir oft gar nicht als solches wahrnehmen. Wenn du das Wort Streit hörst, welche Assoziationen hast du? Krieg, Scheidung, Mord, Tränen, Enttäuschung, Wut? Lass uns das Wort ‚Streit' aus einer anderen Perspektive betrachten. Warum streiten wir? Bei einem Streit treffen zwei Personen oder Personengruppen aufeinander, die gegensätzliche Meinungen zu einer bestimmten Sache haben. Damit es zu einem Streit kommen kann, muss auf beiden Seiten der Wille vorhanden sein, den anderen von der eigenen Meinung oder den eigenen Werten zu überzeugen. Erst dann kann ein Streit entstehen. Und das ist schon etwas Wunderbares. Denn wenn ich mein Gegenüber unbedingt überzeugen will, dann zeigt das zum einen, dass ich eine Überzeugung habe und bereit bin, dafür einzustehen, und zum anderen zeigt es, dass ich mich um mein Gegenüber kümmere. Und das sind zwei tolle Erkenntnisse. Wenn es mir nicht um die Sache ginge, wenn ich kein Interesse an meinem Gegenüber hätte, dann würde ich den anderen einfach ins Leere laufen lassen, keine Gegenargumente bringen und mich von ihm distanzieren. Das tue ich, wenn mich der andere nicht wirklich interessiert. Wenn es mir aber ein Anliegen ist, den anderen von meinen Gedanken und Ideen zu überzeugen, dann argumentiere ich, lasse nicht locker und lasse es unter Umständen auch auf einen Streit ankommen. Und das sollten wir nicht grundsätzlich negativ bewerten. Denn wenn beide Seiten grundsätzlich streitfähig sind, wird aus diesem Streit etwas Positives entstehen. Natürlich verändert das wieder dein Gesamtbild, aber wir haben ja schon gesehen, dass das unvermeidlich ist und ein großer Schatz sein kann.

Diese Quelle solltest du auf jeden Fall anzapfen, um deiner Zukunftsvision die Möglichkeit zu geben, Fehlentwicklungen schneller zu korrigieren. Denn nur wenn du Impulse zulässt, kannst du frühzeitig erkennen, dass du etwas anders machen oder eine Alternative planen solltest.

## Keine Angst vor Fehlern

Hast du Angst, Fehler zu machen? Ich muss zugeben, dass ich dieses Gefühl selten hatte. Ich war immer sehr risikofreudig. Denn wenn ich etwas wollte, habe ich viel dafür getan. Aber ich muss zugeben, dass ich natürlich nicht alles getan habe, um meine Ziele zu erreichen. Ich habe meine Grenzen klar gezogen und auch Dinge abgelehnt, die gegen meine Überzeugung waren, obwohl sie mich vielleicht schneller an mein Ziel gebracht hätten. Aber dabei habe ich mich immer wohl gefühlt. Und dieses wunderbare Gefühl, mit sich im Reinen zu sein, wollte ich nicht gegen schnellen Erfolg eintauschen. Starke Prinzipien zu haben, ist auch ein ganz wichtiger Faktor auf dem Weg zur erfolgreichen Zukunftsgestaltung. Denn wenn man sich wie ein Gummiseil verhält, wird man gedehnt, bis einem verdammt schwindelig wird. Wenn du aber fest in deinen Überzeugungen stehst, klare Linien ziehst und deinen Überzeugungen treu bleibst, kann es sein, dass du heftigen Gegenwind bekommst, aber denke hier immer an einen Baum. Der bewegt sich im Wind, geht mit den Jahreszeiten, wehrt sich nicht gegen alles. Aber wenn es darauf ankommt, kann er sehr standhaft und widerstandsfähig sein, und das gibt vielen Bäumen ein erstaunliches Leben. Natürlich habe ich auch manchmal Angst, Fehler zu machen, wie wohl jeder Mensch. Ich glaube, damit sind wir nicht allein. Aber was ist eigentlich ein Fehler? Schon bei der Definition dieses mit vielen negativen Konnotationen behafteten Begriffs beginnt die erste Schwierigkeit. Wie definiert man einen Fehler? Schwierig, oder? Ich würde sagen, ein Fehler ist eine Handlung, die wir persönlich ausführen, die in ihrer Wirkung etwas anderes bewirkt, als wir uns erhofft haben, und die sich in der Regel negativ auf uns auswirkt. Aber wie definieren wir den „negativen" Aspekt, der in den Ergebnissen dieser Handlung enthalten ist? Denn eines ist klar: Jede Handlung, die wir ausführen, hat immer eine lange Kette von

Reaktionen zur Folge, die wir oft nur sehr vage oder gar nicht erkennen können. Nehmen wir folgendes Beispiel: Man stellt den Wecker, um einen Flug zu erwischen. Du drückst die Schlummertaste, eine kleine, unscheinbare und scheinbar wirkungslose Handlung. Aber was kann das Ergebnis sein? Du schläfst 15 Minuten länger und überhörst den zweiten Weckruf. Das Resultat ist, dass du deinen Flug verpasst, weil 15 Minuten später kein Taxi mehr da war. Der verpasste Flug führt dazu, dass du das Meeting verpasst, bei dem es um einen kleinen Auftrag ging, der sich später zu einem millionenschweren Geschäft entwickelt, weil du durch diesen Auftrag viele einflussreiche Leute kennengelernt hast, was du vorher nicht vorhersehen konntest. Ein Knopfdruck kann also die Richtung deines Lebens massiv verändern.

Wenden wir diese Ereigniskette nun ins Positive, mit einem weiteren Beispiel aus meinem eigenen Leben: Im Alter von 23 Jahren, vier Jahre nachdem ich mich selbständig gemacht hatte, wollte ich eine neue Phase in meinem Unternehmen einläuten. Mir war klar, dass ich in meinem Umfeld eine gewisse Wirkung erzielen musste, um ernst genommen zu werden. Also nahm ich einen Kredit über 50.000 Euro auf, um ein Büro zu mieten und einen repräsentativen BMW zu kaufen. Im Nachhinein war das eine dumme Idee, denn weder das Büro noch der BMW haben mir geholfen, erfolgreich Geschäfte zu machen. Aber das ist nicht ganz richtig. Denn der BMW hat mich zum Fan der Marke gemacht. Das vergleichsweise teure Auto hatte noch einen anderen Effekt. Zwei Jahre später war ich fast zahlungsunfähig. Ich musste also notgedrungen einen Nebenjob annehmen, um mein Geschäft weiter zu finanzieren. Also fing ich als Car Explainer in der BMW Welt an. 16 Stunden die Woche, 6 Monate - dann bin ich wieder weg, habe ich damals allen meinen Freunden gesagt. Dass ich mich überhaupt für diesen Job beworben hatte, war eine direkte Folge meiner Begeisterung für mein überteuertes Auto. In den zwei Jahren in der BMW Welt lernte ich einen neuen Beruf kennen, den ich vorher nicht kannte: Kommunikationstrainer. Ein Beruf, der alle meine Fähigkeiten perfekt vereint und mir eine Bühne gibt, die ich vorher nicht gesehen habe. In den zwei harten Jahren zwischen Angestelltenverhältnis und Selbstständigkeit, in denen natürlich auch viele Zweifel aufkamen, lernte ich all meine heute so wichtigen Geschäftspartner kennen, die mich in den letzten Jahren sehr unterstützt haben. Was habe ich daraus gelernt? Mit 23 Jahren einen teuren BMW zu finanzieren, war auf den ersten Blick keine gute Entscheidung. Aber im Nachhinein betrachtet, war es mein Auslöser, in die Automobilindustrie einzusteigen, in der ich in jungen Jahren einen sehr attraktiven Job ausüben konnte, und zwar genau so, wie ich es mir immer gewünscht habe - selbstständig und frei gestaltend.

Was wir daraus lernen können, ist, dass ein Fehler in den meisten Fällen nur dann ein Fehler ist, wenn wir ihn als solchen benennen und ihn in einem entsprechend negativen Licht betrachten. Ich würde sogar noch weiter gehen. Ich glaube, dass alles aus einem bestimmten Grund geschieht, den wir aufgrund der Komplexität des Lebens nicht so leicht erkennen können. Wenn ich meinem Herzen folge, ist das meine innere Überzeugung. Eine sehr beruhigende Überzeugung, wie ich finde. Und wenn man diese Überzeugung einmal akzeptiert hat, wird man weniger darüber nachdenken, ob bestimmte Handlungen falsch waren oder nicht. So vermeidest du, in ein gefährliches Gedankenkarussell zu geraten. Wenn etwas nicht funktioniert, dann funktioniert es nicht. Dann kannst du es entweder zu den Akten legen oder es auf einem anderen Weg noch einmal versuchen. Bis man das Gefühl hat, dass die Zeit für diese Aktion abgelaufen ist. Dann lässt man es und konzentriert sich auf etwas Neues. Auch das ist ein wichtiger Schritt auf dem Weg zu einem kontinuierlichen Change-Prozess der beglückend ist.

Stell dir vor, du denkst nicht mehr in den stereotypen Kategorien von richtig oder falsch, sondern stellst deine Handlungen und Gedanken in den größeren Kontext deines Lebens. Du beurteilst Ereignisse nach ihrer Wirksamkeit für deine Zukunftsmission und fragst dich, ob dich eine Handlung, eine Einstellung oder eine Vision dem Glück ein Stück näher gebracht hat oder nicht. Wenn du nun den Aufwand im Verhältnis zum Ergebnis beurteilst, kommst du nicht mehr einfach zu der Schlussfolgerung richtig oder falsch, sondern du bekommst neue Bewertungen wie ergebnisreich, irrelevant, ineffizient, nicht zielführend etc. Und jetzt wird es spannend.

Denn wenn du an diesem Punkt angekommen bist, musst du dich nicht mehr vor dir selbst und anderen rechtfertigen, warum du etwas so gemacht hast, wie du es gemacht hast. Du wirst anfangen, instinktiv nur die Dinge zu verfolgen, von denen du das Gefühl hast, dass sie dich weiterbringen, dass du einen positiven Nutzen daraus ziehen kannst. Das hilft, die Angst vor Fehlern abzubauen, denn wenn du die Kategorie Fehler in deinem Kopf gar nicht mehr wahrnimmst, dann wirst du frei und kannst Dinge tun, die du vorher für unmöglich gehalten hast. Viele Leute würden das als Risiko bezeichnen, aber ich glaube, dass es wichtig ist, Risiken einzugehen. Wie weit du gehst, was für dich ein Risiko ist und was nicht, musst du für dich selbst definieren. Auf jeden Fall ist das Eingehen von Risiken eine Grundlage für die Möglichkeit, Fortschritte zu machen und Vorteile zu erlangen.

## Phönix aus der Asche

Es ist auch klar, dass jedes Risiko mit einer großen Chance einhergeht, etwas zu verlieren oder einen Preis für das Risiko zu zahlen. Stell dir vor, du lernst 20 Menschen kennen, von denen 19 nicht zu deiner Persönlichkeit passen, dann war die Kommunikation für 19 Kontakte zwar umsonst, aber wenn die 20. Person von dir überzeugt ist, Einfluss hat und gerade wegen deiner Persönlichkeit Teil deines Netzwerkes wird, dann gleicht das die 19 Nieten garantiert aus. Du bleibst authentisch und glücklich, wenn du nicht versuchst, aus einem der anderen 19 Kontakte etwas herauszupressen, was weder dir noch deinem Gegenüber guttut.

Um glücklich zu sein, muss man nicht nur das tun, was man für notwendig hält, sondern auch das über Bord werfen, was einen nicht weiterbringt. Das kann manchmal drastische Maßnahmen erfordern. Ich beobachte immer wieder Menschen, die mit der Art und Weise, wie sie ihr Leben führen, unglücklich sind. Sie sind unglücklich in ihrer Beziehung, gelangweilt vom eigenen Job, unkreativ in der Gestaltung des Jahresurlaubs, gelangweilt von der eigenen Mietwohnung, vom eigenen Auto, vom immer gleichen Tagesablauf. Und doch scheuen sie sich, bestehende Bindungen oder Beziehungen in ihrem Leben abzubrechen. Das mag an der Angst vor sozialer Isolation liegen, an der Angst vor finanziellen Einbußen oder an der Unsicherheit, wie es weitergehen soll. Wir sind gesellschaftlich so erzogen, dass alles immer nach Plan und Ordnung abläuft, aber die Gesetze der Natur belehren uns leider immer wieder eines Besseren. Manchmal kann es eben nicht nach Plan und Verstand gehen, weil wir in einem so starren Korsett stecken, dass wir keine neuen Gedanken zulassen können, es sei denn, wir sprengen das Korsett. Wir müssen uns also manchmal von Dingen trennen, auch wenn es weh tut, um Neues zulassen zu können. Ich verwende hier gerne das Bild vom Phönix aus der Asche, der nur gedeihen kann, wenn etwas anderes verbrannt ist. Um solche Schritte gehen zu können, braucht es ein enormes Grundvertrauen, dass alles gut wird und dass es für alles einen Grund gibt, auch wenn wir diesen oft selbst nicht erkennen und definieren können. Ich selbst habe in den letzten 10 Jahren meines Lebens immer wieder Dinge beendet (Jobs, Beziehungen, Projekte), obwohl mir Freunde, Familie und auch Geschäftspartner davon abgeraten haben. Aber ich hatte dieses unwiderstehliche Gefühl, etwas beenden zu müssen, weil es zwar objektiv seinen Zweck erfüllte (nicht einsam zu sein, Geld zu verdienen, Stabilität zu geben), mir aber nicht das Gefühl gab, meiner Bestimmung und meinem Glück näher zu kommen. Irgendwann empfand ich die Geschäftsbeziehungen als lähmend, weil meine Geschäftspartner einen anderen Rhythmus hatten und andere Ziele verfolgten als ich. Unsere Wege waren eine Zeit lang kongruent, aber irgendwann mussten sie sich wieder trennen, weil das Endziel ein anderes war. Und so habe ich mich immer wieder entschieden, mit etwas Aktuellem aufzuhören, ohne einen wirklichen Alternativplan zu haben. Natürlich hatte ich grundsätzliche Ideen und Visionen, wo meine Reise hingehen könnte, aber ich konnte daraus nie einen Zweijahresplan machen, zumindest nicht, wenn ich aus einem Gefühl heraus etwas anderes beendet habe. Aber gerade das hat mir immer eine große Freiheit gegeben, von nichts und niemandem abhängig zu sein, frei zu sein. Frei, Entscheidungen zu treffen, frei, mein Leben zu gestalten, Visionen und Ideen für die Zukunft zu formulieren. Von Zeit zu Zeit etwas loszulassen, auch wenn es manchmal sehr schwer ist. Ich verspreche dir, es kommt immer etwas Besseres um die Ecke. Manchmal muss man dem Schicksal eine Chance geben. Besonders schwierig wird es, wenn man schon viel Zeit, Arbeit und Leidenschaft in eine Sache gesteckt hat. Diese dann irgendwann loszulassen, weil sie für einen selbst an Relevanz verloren hat, ist ein schwieriger Prozess und kann sehr lange dauern. Ich habe 10 Jahre wie ein Tier an meiner Musikkarriere gearbeitet, mein Privatleben, Freunde, Familie und auch einen gewissen Luxus hinten angestellt, nur um mein Ziel zu erreichen, einmal im Olympiastadion in München auf der Bühne stehen zu können. Als ich irgendwann erkennen musste, dass ich dieses Ziel nicht erreichen werde, vielleicht auch einfach nicht dafür bestimmt bin, hat es noch einmal fast 3 Jahre gedauert, bis ich den reinigenden Entschluss fassen konnte, meine Musikkarriere an den Nagel zu hängen und mich auf andere Themen zu konzentrieren. Es war schwer, ein harter Prozess, aber letztendlich sehr befreiend und ein sehr wichtiger Schritt, um echtes Glück in meinem Leben zu erfahren.

Eine glückliche Zukunft besteht also nicht nur darin, die Dinge zu tun, die du für richtig hältst und die deine Zukunft und dein Leben positiv beeinflussen, sondern auch darin, die Dinge zu lassen, die dich nicht weiterbringen. Und in unserer Gesellschaft gibt es viele Dinge, die uns festhalten, die uns blockieren, die wir nicht so leicht ändern können. Aber das musst du tun, um Gestalter deines eigenen Lebens zu werden und damit auch mittelfristig die Geschicke dieser Welt positiv beeinflussen zu können. Wir wollen nicht nur unseren Eigensinn durchsetzen und unser Wohlergehen über das aller anderen stellen. Unser Ziel ist es, als integraler Bestandteil im gesellschaftlichen Kontext relevant zu sein und dabei positive Impulse für unser Leben und das Leben anderer zu setzen, um eben nicht nur Passagier, sondern Gestalter auf dem Weg in die Zukunft zu sein.

Fassen wir noch einmal kurz zusammen, wie wir jetzt zu Zukunftsgestaltern werden. Wir haben festgestellt, dass unsere Gedanken nichts wert sind. Erst der Diskurs, die Interaktion und der Austausch lassen unsere Gedanken Wirklichkeit werden. Wir haben festgestellt, dass wir auch Kompromissbereitschaft zeigen müssen, um nicht allein zu sein. Wir müssen an unserer Fähigkeit arbeiten, unser Umfeld von unserer Mission, unseren Gedanken und Ideen zu überzeugen und ein Feuer zu entfachen, damit andere wiederum ihre Ideen äußern und daraus etwas Neues entsteht, ein übergeordnetes Ziel, das gemeinsam verfolgt werden kann. Dabei haben wir auch festgestellt, dass eine gesunde Fehlerkultur die Grundlage für Veränderungsprozesse ist. Wir sind noch einen Schritt weiter gegangen und haben uns angewöhnt, gar nicht mehr in den Kategorien ‚falsch' oder ‚richtig' zu denken, sondern nur noch die Wirkung einer jeweiligen Handlung zu bewerten und daraus Schlüsse zu ziehen. Letztlich ist es unsere eigene Perspektive, mit der wir auf bestimmte Entwicklungen schauen, wie wir eine Entwicklung bewerten, und das ist wichtig für eine positive Grundhaltung. Schließlich sind wir nicht nur für das verantwortlich, was wir tun, sondern auch für das, was wir nicht tun. Und das hat manchmal ungeahnte Auswirkungen auf unseren Weg in die Zukunft. Wir müssen den Mut haben, mit Bestehendem zu brechen und aufzuhören, damit etwas Neues entstehen kann. Etwas Neues, das wir vielleicht schon bewusst oder unbewusst im Kopf haben, aber bisher nicht zur Entfaltung bringen konnten, weil wir durch etwas anderes blockiert sind, sei es, weil wir mit unserer Arbeit in nicht zielführenden Unternehmungen gefangen sind oder weil die Ressourcen unserer Gedanken an etwas anderes gebunden sind. Letztendlich sind wir selbst dafür verantwortlich, wohin unsere persönliche Reise geht und welche Wirkung wir damit auf die Welt und unser Umfeld haben.

## Die Zukunft kommt, und das ist super

Herzlichen Glückwunsch, bis hierher hast du einen weiten Weg mit mir zurückgelegt. Ich habe es dir nicht immer leicht gemacht, aber du hast dich gut geschlagen. Ich freue mich, dass du einige Denkblockaden überwinden konntest und nun bereit bist, deine volle Wirksamkeit und deinen Erfolg zuzulassen. An dieser Stelle stelle ich mir die Frage, was Erfolg eigentlich ist und wie man den Erfolg von eines Change-Prozesses messen kann. Ich komme nicht zu einer richtigen Antwort, denn wir können die Wirkung solcher Prozesse nicht, wie in der Wirtschaft üblich, mit zeitlich und räumlich messbaren Kennzahlen überprüfen, da es sich eher um eine innere Haltung mit Handlungsmustern handelt, die nie enden wird. Wandel ist also kein Projekt, sondern eine Mission, die nie enden wird. Wie messen wir also den Erfolg dieser Mission? Der Erfolg hat viele schöne Kinder, aber ich nenne hier nur die ältesten, die jüngeren Folgen dann dem Prinzip: **Innerer Frieden - Zufriedenheit - Glück**.

Eigentlich ziemlich abstrakte Begriffe, aber sie bringen es für mich auf den Punkt. Denn ob du mit deiner Zukunftsmission auf dem richtigen Weg bist, kannst du nicht messen. Niemand kann dir von außen sagen, ob du das Richtige tust, denn hier geht es nicht um Objektivität. Es geht nur darum, ob du dich in deinem Leben wohl fühlst, ob du morgens motiviert aufstehst, ohne an Erwerbsarbeit zu denken. Schau in den Spiegel und frage dich, ob du dich heute nicht verbiegen musst, um zu gefallen. Sei flexibel, beobachte die Entwicklungen in der Welt und in deinem Umfeld. Stelle deine Ansichten, Ideen und Visionen jederzeit zur Diskussion. Teile deine Gedanken und Ideen mit denen, die dir nahestehen. Ändere deinen Kurs, wenn du es für richtig hältst. Sei bereit, Bestehendes zu verändern, um Raum für Neues zu schaffen. Akzeptiere radikale Veränderungen, ohne zu resignieren. Gib deiner Kreativität die Chance, etwas zu schaffen, das es in deinem Leben noch nicht gegeben hat. Wenn du alles annimmst, wirst du aufrichtig sagen können: „Ich finde Ruhe in mir, ich bin zufrieden, ich fühle Glück". Wenn du das noch nicht so empfindest, dann passe unsere gemeinsame Reise, die wir hier begonnen haben, Schritt für Schritt auf dein Leben an und überprüfe, welche der vielen Aspekte du bereits umsetzt und wo noch Nachholbedarf besteht. Ich bin mir sicher, dass du instinktiv schon einiges richtig machst, aber suche weiter nach den letzten Stellschrauben, die wir auf dieser Reise besprochen haben. Wandel ist immer eine Chance. Wer sie ergreift, wird davon profitieren. Wer sie nicht ergreift, wird sich dem Schicksal ergeben und mit dem leben müssen, was kommt, denn eines ist sicher: Die Zukunft kommt, ob du willst oder nicht.

Ursprünglich wollte ich ein Fachbuch schreiben, am Ende ist es ein Ratgeber geworden. Aber vielleicht ist genau das meine Berufung als Trainer und Coach - Menschen zu beraten und auf ihrem Weg zu begleiten. Das macht mir sehr viel Spaß, weil ich Impulse geben und etwas bewirken kann. Ich sehe mich als Mentor und Querdenker, der hilft, Konventionen kritisch zu hinterfragen und sich aus dem Blumenstrauß der Möglichkeiten zu bedienen. Dabei nutze ich die Kraft der Fragen und hoffe, dass du deine eigenen Lösungen findest, unabhängig davon, ob diese mit meinen Ansätzen übereinstimmen oder nicht. Ich hoffe, dass ich dich mit diesem Buch dazu anregen konnte, neue Wege zu gehen und dich selbst auf die Suche nach der Zukunft zu machen. Die Zukunft bietet unendlich viele Möglichkeiten, das Undenkbare möglich zu machen, und ich wünsche dir, dass du sie mit deinen Mitteln und Fähigkeiten für dich nutzbar machen kannst. Nimm meine Worte nicht immer wörtlich, nimm sie nicht als gegeben hin. Hinterfrage mich auch kritisch und ziehe deine eigenen Schlüsse. Am Ende gilt immer das Zitat des ersten Bundeskanzlers der Bundesrepublik Deutschland: „Was kümmert mich mein Geschwätz von gestern, nichts hindert mich, weiser zu werden." Wenn du möchtest, dass unsere gemeinsame Reise hier nicht endet, dann freue ich mich jederzeit über deine Kontaktaufnahme mit mir und meinem Team, damit wir gemeinsam besprechen können, wie wir einen Change-Prozess für dich persönlich, dein Unternehmen und deine Mitarbeiter anstoßen und beflügeln können. Wir können dich in vielen Bereichen unterstützen, als Mentoren, als Speaker, als Trainer und Coaches, als Berater in deinem Unternehmen. Wenn auch du davon überzeugt bist, dass man mit positivem Denken und einem gut durchdachten Plan die Zukunft von morgen gestalten kann, dann bin ich mir sicher, dass wir gemeinsam viel erreichen können. An dieser Stelle möchte ich mich ganz herzlich für dein Vertrauen und die Zeit bedanken, die du in unseren gemeinsamen Weg investiert hast. Zeit ist das kostbarste Gut, das wir haben, und ich hoffe, dass du sie hier gewinnbringend eingesetzt hast. Ich wünsche dir viel Glück und Zufriedenheit auf deinem Weg und denke daran: »Change beginnt im Kopf«.

Dein Moritz Grabosch

*Den gleichnamigen Podcast „Change beginnt im Kopf" des Autors Moritz Grabosch zusammen mit seinem Geschäftspartner Felix Müller findest du auf Spotify.*